*Eva Mayer-Bahl*

# Nockerl, Knödel, Schmarrn & Strudel

*Eva Mayer-Bahl*

# Nockerl, Knödel, Schmarrn & Strudel

*Duftende Mehlspeisen aus der Donaumonarchie*

BLV

Die Deutsche Bibliothek –
CIP-Einheitsaufnahme

**Mayer-Bahl, Eva:**
Nockerl, Knödel, Schmarrn
& Strudel : duftende Mehlspeisen
aus der Donaumonarchie –
4. überarb. Aufl. (Neuausg.) –
München ; Wien ; Zürich: BLV, 1998
ISBN 3-405-15486-3

Vierte, überarbeitete Auflage
(Neuausgabe)

**BLV Verlagsgesellschaft mbH**
**München Wien Zürich**

80797 München



Satz & Layout: Atelier Steinbicker, München
Umschlaggestaltung:
Atelier Steinbicker
Lektorat: Kathrin Gritschneder
Herstellung: Sylvia Hoffmann
Druck: Appl, Wemding
Bindung: R. Oldenbourg, München

Gedruckt auf chlorfrei gebleichtem Papier

Printed in Germany
ISBN 3-405-15486-3

**Bildnachweis**
Klaus Arras / StockFood, München S. 16
Michael Brauner / StockFood, München S. 13, 59
G. Bumann / StockFood, München S. 30 (Kartoffeln)
S. u. P. Eising / StockFood, München S. 18, 26, 30 (Reis, Mais), 34, 36, 38, 43, 75, 95, 98, 111, 113, 114/115, 118, 123
Kölner Zucker/ Pfeifer & Langen, Köln S. 103
Studio Kurt Sattelberger, Füssen S. 2/3, 14/15, 28/29, 45, 47, 50/51, 53, 55, 65, 67, 69, 70/71, 72, 78/79, 80, 86, 88, 90/91, 109
Studio Teubner, Füssen S. 23, 58, 63, 82, 106, 107

# Zu diesem Buch

Es war ein ehrenvolles Vertrauen, welches man in mich setzte, dieses Buch herauszubringen. Auf Anregung vieler Freunde sowie Mitglieder der »Südostdeutschen Kulturstiftung« und Ortsgemeinschaften fing ich vor knapp neun Jahren an, Rezepte aus dem alten k.u.k.-Österreich zu sammeln. Ein Beweis sollte es auch dafür sein, wie in einem Vielvölkerstaat ein Nachbar problemlos des andern Nachbarn Küche würdigte und teilweise übernahm.
Zuerst fing ich bei der eigenen Familie an, besuchte Verwandte, Freunde und Bekannte. Außerdem führte ich einen regen Schriftwechsel mit dem In- und Ausland, immer mit der Bitte, mich bei meiner Arbeit weitestgehend zu unterstützen. Im Laufe der Jahre brachte ich es zu einer umfangreichen Rezeptsammlung, die auf diesem Gebiet einmalig sein dürfte. Sie beinhaltet feinste Mehlspeisen für den Mittagstisch ebenso wie einfache Rezepte für Notzeiten. Es sind vertreten Rezepte aus dem Burgenland, der Zips, Batschka, dem Banat, aus Siebenbürgen, Dalmatien, Kroatien, Bosnien, Ungarn und nicht zuletzt Rezepte aus den weltberühmten süßen Bäckereien des alten Wien. Sie alle sollen der Nachwelt erhalten bleiben und weitere Generationen überdauern. Ihre Zubereitung ist ein Mittel gegen Langeweile und sterile Beschäftigung.

Da ich eine dreijährige Frauenfachschule in Budapest absolvierte, genoß ich einen gründlichen Unterricht in der Kunst des Kochens und Backens. Alle diese hier gesammelten Rezepte sind ausprobiert.
Obwohl es eine Menge Kochbücher gibt, wage ich es dennoch, mit meinem Buch an die Öffentlichkeit zu treten, weil man mit ihm sehr Bewährtes leisten kann. Das Publikum aber mag selbst entscheiden. Jedenfalls trage ich das Bewußtsein in mir, Außergewöhnliches festgehalten zu haben, was sonst ganz gewiß der Vergessenheit anheimgefallen wäre.
Langbewährtes ist letzthin immer am besten. Diese Rezepte können durch nichts vergleichbares ersetzt werden und behalten ihren altmodischen Charme und Reiz. Sie heben die fröhliche Stimmung und dämpfen die gereizten Nerven unserer hektischen Zeit. Sie sind ein Streifzug durch fast zwei Jahrhunderte, welche versunken sind und alles von damals wieder lebendig machen.
Der Duft dieser selbstgefertigten Mehlspeisen ist ein Gruß aus diesen längst vergangenen Zeiten und ein Beweis der Liebe unserer Mütter, Groß- und Urgroßmütter. Sie erwecken und fördern in starkem Maße freundschaftliche Zusammenkünfte, die für unseren nüchternen Alltag eine große Bereicherung bedeuten. Sie sind mit der modernen Ernährung absolut vereinbar, die textliche Fassung ist den heutigen Anforderungen genauestens angepaßt.
Es ist eine alte Regel, daß sich im Kochen, Backen und Essen die Schönheit der Kultur des Genusses äußert. Fast ist es wie mit Blumen: Der sie liebt, kann unmöglich ein schlechter Mensch sein!
Vor Ihnen liegt nun ein Buch, in welchem mit größter Gewissenhaftigkeit vorgegangen wurde, damit auch eine junge, unerfahrene Hausfrau mit den Rezepten zurechtkommt. Und das Gelingen wird sie mit Stolz erfüllen.
Ich wünsche allen, daß es zu einer schöpferischen Tätigkeit verhelfe und lukullische Freuden bringe.

Eva Mayer-Bahl

# Inhalt

# Geschichtliches

Mit dem Namen Österreich verbindet sich die jahrhundertelange Herrschaft des Hauses Habsburg. Nach dem Grundsatz: »Bella gerant alii, tu felix Austria nube!« (andere mögen Kriege führen, du, glückliches Österreich, heirate!) wurde es Weltreich. Größte Bedrohung von außen waren die Türken; zweimal gelang es ihnen, bis Wien vorzudringen. Doch 1683 erlitten sie am Kahlenberg bei Wien die entscheidende Niederlage. Die Befreiung des Donauraumes von osmanischer Herrschaft erstreckte sich allerdings bis zum Jahr 1718. Hungaria eliberata, das befreite Ungarn, war für die Einflüsse des abendländischen Kulturkreises wieder offen.

## Die Entwicklung des Donauraums

Die einst blühenden Städte im Donauraum hatten unter den Türkenkriegen schwer gelitten; das deutsche Bürgertum war nur in Siebenbürgen und der Zips erhalten geblieben. Unter Kaiser Karl VI. (1711–1740) und seiner Tochter Maria Theresia (1740–1780) sowie deren Sohn Josef II. (1780–1790) erging ein Aufruf an deutsche Siedler, die von den Türken verwüsteten Gebiete wieder urbar zu machen. Man hatte erkannt, daß die Rückgewinnung des Donaubeckens nur durch die Ansiedlung von Bauern und Handwerkern gesichert werden konnte. Volkreiche Großgemeinden sollten geschaffen, eine produktive Staatswirtschaft angestrebt und die Wiedergeburt einer schon verloren gegangenen Kultur ermöglicht werden.
Der erste Strom der Ansiedler stammte aus West- und Oberungarn, Österreich, Mähren, Böhmen und Schlesien, viele kamen auch aus Oberschwaben, Baden, Franken, Elsaß-Lothringen, Bayern und dem Saarland. Sie erhielten einen Freibrief und unbegrenztes Heimatrecht.
Das ungesunde Klima und verschiedene Krankheiten dezimierten die Siedler. Ein Spruch, der noch heute Kindern und Enkelkindern bekannt ist, heißt:

> Die Ersten hatten den Tod,
> die Zweiten die Not,
> die Dritten das Brot.

Trotz aller Widrigkeiten entstanden nahezu fünfzig neue deutsche Ortschaften. Graf Mercy, der erste Gouverneur des Banats, siedelte neben Deutschen und Serben auch Italiener, Spanier, Ruthenen und Franzosen an, was aber für die ursprüngliche Bevölkerung keine Benachteiligung mit sich brachte. Es entstanden Gemeinden in der Schwäbischen Türkei, dem Länderdreieck zwischen Donau, Drau und Plattensee sowie dem Ofner Bergland. Der Fleiß der Menschen und ihre Kenntnisse über moderne Produktionsmethoden sollten sich für das Land von großer Bedeutung erweisen.

## Die Ungarn und die Deutschen

In der ungarischen Geschichte spielte die deutsche Nationalität schon immer eine wichtige Rolle. Der ungarische Staatsgründer König Stefan (1001–1038) ehelichte die Bayernprinzessin Gisela, in deren Gefolge Priester und Ritter aus deutschen Landen nach Ungarn kamen. So lebten die Deutschen seit jeher mit den Ungarn und den Menschen anderer Nationalität in Harmonie und Frieden zusammen. Ungarn war ihre Heimat; sie bewiesen ihre Vaterlandsliebe immer wieder.
Die politischen Umwälzungen mit Impulsen aus Ideen der Französischen Revolution erreichten Ende des 19. Jahrhunderts Ungarn. Es kam zum Aufstand. Im Ausgleich zwischen dem Hause Habsburg und den Ungarn entstand 1869 – in der Regierungszeit Kaiser Franz Josef I. – die Österreichisch-Ungarische Monarchie. Sie umfaßte den Ostalpen-, Donau- und Karpatenraum, das böhmische Becken sowie die adratische Ostküste und deren Hinterland. Diese Doppelmonarchie zählte knapp 53 Millionen Einwohner, sie war ein Vielvölkerstaat. Nach dem Zerfall

Österreich-Ungarns im Jahre 1918 wurde ungefähr ein Drittel der Bevölkerung an die Nachfolgestaaten Ungarn, Jugoslawien, Tschechoslowakei und Rumänien aufgeteilt. Für die Entwicklung zu einem geschlossenen Volksstamm blieb keine Zeit mehr. Der Zweite Weltkrieg forderte einen grausamen Tribut: totale Enteignung, Entrechtung, Flucht und Vertreibung, die Ausrottung der Donauschwaben in Jugoslawien.

## Nach dem Zweiten Weltkrieg

In den zu Torsos gewordenen Gemeinden gab es niemand mehr, der im Sinne der Donauschwaben bewußtseinsformend und als verbindende Kraft hätte wirken können. Die Überlebenden sind heute auf der ganzen Welt verstreut.
Sie versuchen, ihre Identität zu wahren, indem sie Herkunftsforschung betreiben, Vergangenes in Schriften niederlegen, die Mundart pflegen, alte Volkslieder sammeln, traditionelle Festlichkeiten veranstalten und diese Traditionen an die nächste Generation weitergeben.

## Küchen-»Historie«

Eine bis in die Gegenwart hineinreichende Besonderheit Südosteuropas ist die Vielfalt seiner Eßgewohnheiten. Wenn auch auf typologische Gemeinsamkeiten Wert gelegt wurde, sind die ethnischen Eigenheiten deutlich und unverwechselbar ausgeprägt.
Dem Leser dieses Buches stellt sich vielleicht die Frage, warum gerade die Mehlspeisen in den genannten Ländern solch großen Stellenwert hatten. Dieses Gebiet, ausgehend vom Karpatenbogen, die durch Flüsse verästelte Donauebene bis zur Save erfassend, ist durch seine Bodenstruktur prädestiniert für den Anbau von Getreidearten jeglicher Art. Es ist die Pannonische Tiefebene – genannt nach Pannonien, der römischen Provinz und dem illyrisch-keltisierten Pannonien. Im Volksmund wird sie auch »flaches Nudelbrett« genannt. Die tiefsten Punkte der Pannonischen Tiefebene liegen am Neusiedler- und Plattensee. Hier verebbten die mongolischen, ungarischen und türkischen Landnahmen.
Die Siedler machten sich mit dem Anbau und der Verwendung von ertragreichen Getreidesorten vertraut und gestalteten das Gebiet weitgehend zu einem Ackerland. Die Anbauflächen für Weizen und Mais nahmen die größte Nutzfläche ein. Es war naheliegend, die Ernährung der Bevölkerung aus wirtschaftlicher Sicht darauf einzustellen. Hier lag einst die Kornkammer Deutschlands, und die Exporte dahin waren enorm.
Nach dem Zweiten Weltkrieg, der Enteignung und Verstaatlichung, entstanden aus dem früheren volksdeutschen Grundbesitz meist unrentable Staatsgüter. Ein früher landwirtschaftlich reiches Gebiet wurde dem Verfall preisgegeben. Große Teile dieses Gebietes, vor allem in Jugoslawien und Rumänien, müßten erneut urbar gemacht werden. Wer je einmal die weithin reichenden, wogenden Getreidefelder sah, die sich von der Hügelregion des Matragebirges bis zum Donauknie erstreckten, wird begreifen, warum dieses Korn eine so bedeutende Rolle spielte.
Österreich und Ungarn, auch Böhmen und Mähren sowie Kroatien und Bosnien, letzteres stark türkisch beeinflußt mit honigsüßen, öltriefenden Näschereien, hielten ihren Ruf als exzellente Mehlspeisenküche aufrecht. Insbesondere sei die ungarische und böhmische Küche erwähnt, die den Vergleich mit ihrer berühmten Wiener Schwester nicht zu scheuen braucht. Der erfahrene Genießer wird das bestätigen.
Seit Generationen werden diese Rezepte in den Familien gepflegt und weitervererbt. So entstanden in der Küche des Südostens Mehlspeisen gleichen Namens in vielen Variationen. Sie sind gastronomische Eckpfeiler, deren Gesicht durch jahrhundertealte Gebräuche geprägt wurden.

Donaumonarchie
(Österreich-Ungarn)
Thüringen
Schlesien
T S C H E C H O S L O W
Böhmen
PRAG
Elbe
Moldau
TROPPAU
Mähren
BRÜNN
Zips
Vorarlberg
Bayern
Niederösterreich
LINZ
WIEN
Oberösterreich
BREGENZ
SALZBURG
Donau
Theiß
BUDAPEST
Inn
INNSBRUCK
Ö S T E R R E I C H
Schweiz
Salzburg
Tirol
Steiermark
GRAZ
U N G A R N
Kärnten
KLAGENFURT
Lombardei
Venetien
LAIBACH
Krain
ZAGREB
Batschka
R U
Ban
TRIEST
RIJEKA
Kroatien - Slawonien
Küstenland
Save
BELGRAD
Bosnien
Serbien
J U G O S L A W I E N
ZARA
SARAJEWO
Herzegowina
Dalmatien
Montenegro
ADRIA

Obwohl auch Mais in der Küche verwendet wurde, liebte man es, denselben erst über das Schwein »nutzbar« zu machen. Deshalb waren bei der jährlichen Winterschlachtung Exemplare von drei Zentnern keine Seltenheit. Da Fett im Überfluß vorhanden war, schmelzte man deshalb die Mehlspeisen recht reichlich damit ab. Galt es doch auch, seinen Wohlstand damit zu demonstrieren. Zum Abspülen des Eßgeschirrs benötigte man fast kochendheißes Wasser, um dem daran noch haftenden Fett Herr zu werden. Die Hände der Hausfrauen waren dementsprechend oft krebsrot und strapaziert. Sie nahmen es jedoch als selbstverständlich in Kauf. Bemerkt sei auch, daß der Großteil der Bevölkerung »rundlich angehaucht« war und man den Wohlstand und das Ansehen eines Menschen oft nach seinem Gewicht bemaß. Hieß es doch vom Manne, er müsse dick sein, da ihn seine Frau sonst nicht respektieren könne.
Die Kartoffel darf nicht unerwähnt bleiben. Mit der Bezeichnung »nackte Frucht« wird sie recht stiefmütterlich behandelt. Sämtliche Kartoffelgerichte, ob süß oder sauer, sind mit Mehl, Eiern, Speck, Fett, Rahm, gegebenenfalls mit reichlich Paprika verfeinert. Dies gilt für Österreich ebenso wie für Ungarn und die Nachfolgestaaten. Pellkartoffeln aß man nur zusammen mit gekochtem Geräucherten, Würsten und Käse. Salzkartoffeln waren fast unbekannt. Erst in späterer Zeit bereitete man Kartoffelbrei in der heute bekannten Weise zu. Der Ursprung ist vielleicht in Karlsbad zu suchen, wo die Gallenkranken damit »behandelt« wurden. Hieß es, daß ein Patient nach dem Kuraufenthalt noch für einige Wochen »auf Diät gesetzt« und nur mit in Wasser und wenig Salz zubereitetem Kartoffelbrei ernährt werden dürfe, brandete ihm heißes Mitgefühl entgegen, und warme, mitfühlende Händedrucke waren ihm sicher.
Die Küche des Südostens hatte aber nicht nur vorzügliche Mehlspeisen, sondern auch ein reichhaltiges Repertoire an Suppen, Braten, Fischen und Geflügelspeisen sowie feinen Gemüsen zu bieten. Ein Kirchweihfest, eine Hochzeit oder Taufe hielt leicht dem »Schlaraffenland« von Breughel stand. Es waren Essensorgien am laufenden Band, voller Lebensfreude und Lust. Dazu die herrlichen Weine und vielfältigen Obstsorten! Gekrönt wurde letztlich alles mit raffinierten Mehlspeisen.

Ich habe mich dazu entschlossen, zur Erinnerung an die nie vergessene Heimat und für kommende Generationen die jahrelang gesammelten Rezepte aus dem gesamten Donauraum zu erhalten, und sehe es als eine Aufgabe an, auch jungen Menschen die Ernährungs- und Eßkultur ihrer Vorfahren nahezubringen.

# Glossar

**Abschlagen** Mit dem Kochlöffel kräftig abarbeiten.

**Abschmelzen** Mit heißem Fett übergießen und locker unterheben.

**Apfelmandel** Semmelgericht mit Äpfeln (wörtlich: »Apfelmännchen«).

**Bobajka** Hefenudeln.

**Bockshärndl** Johannisbrot.

**Burek** Strudelgericht mit verschiedenen Füllungen.

**Cic vara** Mais- oder Grießbrei.

**Dampferl** Hefevorteig.

**»Darwitscher«** Kartoffelstangen.

**Dunst** Eingekochte Früchte.

**Erdapfel** Kartoffel.

**Fleckerl** 1–2 cm große Quadrate aus Nudelteig.

**Galuschka** Nockerl.

**Ganica** Überbackenes Kartoffelteig-Gericht.

**Germ** Hefe.

**Gibanica** Gefülltes oder in eine Quarkmasse getauchtes Strudelgericht.

**Kastanie** Marone.

**Kipferl** Hörnchen.

**Koch** Auflauf.

**Kreppchen** Dickere, kleine Pfannkuchen.

**Krumpiere** Kartoffeln.

**Kukuruz** Mais.

**Male** Rührteig aus Maismehl.

**Marille** Kleine Aprikose.

**Mehl, weißes** Fein ausgemahlenes Weizenmehl, Type 405.

**Mehl, Wiener Grießler** Gröber, grießähnlich ausgemahlenes Weizenmehl, hervorragend für alle lockeren Mehlspeisen.

**Nockerl** Mit dem Löffel abgestochene, etwas festere und größere Verwandte der Spätzle.

**Palatschinken** Hauchdünne Pfannkuchen.

**Palukes** Maisbrei, der als Beilage zu faschiertem Fleisch gereicht, aber auch mit Milch, Käse und Eiern gegessen wird. Rumänisch: »mamaliga«.

**Paradeis** Tomate.

**Pekmes** Zwetschgenmus (türkisch).

**Pogatscherl** Torteletts aus Blätter-, Quark- oder Hefeteig, mit dem Krapfenstecher ausgestochen.

**Polenta** Maisgericht (Maisbrei), auch die Bezeichnung für Maismehl.

**Pomeranze** Kleine, bittere Orange.

**Powidl** Zwetschgenmus (böhmisch).

**Puliszka** Maisgericht wie Polenta.

**»Rachenhänger«** Trockene Speise, die »im Rachen hängen bleibt«.

**Räucherspeck** Durch Räuchern haltbar gemachter Schweinespeck.

**Rahm, dicker saurer** Mit Crème fraîche vergleichbare saure Sahne, aber nur mit 10 % Fett.

**Rohr** Backröhre, Bratrohr, Backofen.

**Salzburger Nockerl** Schaumige, leichte Eierspeise.

**Schlagobers** Steifgeschlagene Sahne.

**Schmalz** Schweineschmalz, wenn nicht anders angegeben.

**Schmarrn** Dickere Pfannkuchen, die nach dem Wenden zerrissen werden.

**Schmer** Flomen, feine Fettschicht unter der Bauchdecke des Schweines.

**»Schupsen«** Teig leicht stoßend rollen.

**Semmel** Brötchen.

**Skubanki** Slowakisches Nationalgericht, Kartoffelgericht.

**Strapatschka** Kartoffelteig-Nockerl.

**Sulz** Sülze.

**Tarhonya** Ungarische Nudelvariante, ohne Wasser zubereitet und durch ein grobes Drahtsieb gerieben.

**Taschkerl** Maultaschen, ca. 5 cm große Quadrate aus Nudelteig.

**Tepsi** Bratreine, tiefes Backblech.

**Topfen** Quark.

**Weinchaudeau** Mit Eigelb, Zucker und Wein gerührte warme Soße.

**Weißkäse** Aus Kuhmilch selbst zubereiteter Topfen (Quark).

# Zu den Rezepten

Alle hier angegebenen Rezepte gelten, je nach Appetit, für 4–6 Personen.
Bei der Maßangabe Eßlöffel (EL) ist ein **gehäufter** Löffel gemeint, wenn nicht anders angegeben. Das gleiche gilt für die Maßangabe Teelöffel (TL).
Für alle Koch- und Backrezepte gelten die im Handel erhältlichen Gefäße und Formen.

Wird die Schale von Zitronen oder Orangen verwendet, ist von unbehandelten Früchten auszugehen. Die Backtemperaturen sind Circa-Angaben, sie müssen dem heimischen Backrohr entsprechend angepaßt werden.

***Abkürzungen***

| | |
|---|---|
| ***TL*** | ***Teelöffel*** |
| ***kg*** | ***Kilogramm*** |
| ***EL*** | ***Eßlöffel*** |
| ***ml*** | ***Milliliter*** |
| ***mg*** | ***Milligramm*** |
| ***cl*** | ***Zentiliter*** |
| ***g*** | ***Gramm*** |
| ***l*** | ***Liter*** |
| ***1 l = 100 cl = 1000 ml*** | |

In der k.u.k.-Küche wurde immer viel Fett verwendet. Heute weiß jeder, daß zuviel Fett gesundheitsschädlich ist. Deshalb wurde es in den Rezepten bereits reduziert, was in keinem Fall den Charakter und Geschmack dieser Mehlspeisen beeinträchtigt.

# Nudelgerichte

Nudelgerichte aus selbst zubereitetem Nudelteig – egal, ob süß oder salzig – schmecken besser als solche aus Fertigprodukten. Die Herstellung des Teiges kann leicht erlernt werden. Und wenn die geschnittenen Nudeln bißfest (»al dente«) gekocht werden, lohnt sich die Mühe und auch der evtl. weitere Aufwand für die Herstellung einer Hauptmahlzeit!

Der Weizenanbau war in den fruchtbaren Ebenen der k.u.k.-Donaumonarchie von großer Bedeutung. Wen wundert es, daß sich erfinderisch aus dem feinen weißen Mehl und Eiern – jede Familie auf dem Lande besaß ihren eigenen Hühnerhof – über Generationen hinweg eine variationsreiche Eßkultur entwickelte? Als Suppeneinlage können die Nudeln die im Grundrezept angegebene 2-mm-Grenze oft unterschreiten. Fleckerl und Taschen (»Taschkerl«) haben andere Dimensionen, die ebenfalls im Grundrezept angegeben sind. Nudelgerichte – ohne Fleisch zubereitet – sind als Hauptgerichte sehr beliebt. Die nötigen Proteine sind in den Eiern enthalten.

Im Laufe der Jahrhunderte entwickelte sich eine Spezialität: Nudeln, gemischt mit Kartoffeln, manchmal vermengt oder aufeinandergeschichtet, mit gebräunten Zwiebeln bestreut und mit diversen Soßen (Tomatensoße paßt immer!) serviert. Jedem, der die Kombination von Nudeln und Kartoffeln nicht kennt und vielleicht skeptisch ist, würde ich raten, einmal ein solches »Mischgericht« auszuprobieren.

Im Rezeptteil ist auch die Herstellung der Tarhonya, einer ungarischen Abwandlung der Nudel, beschrieben.

Hier gilt: kein Wasser zugeben! Im Sommer, wenn man über die meisten Eier verfügt, werden die Tarhonya – dann aber ohne Salz! – auf Vorrat zubereitet und in Mullsäckchen aufbewahrt. Sie sind so bis zu einem Jahr haltbar.

GRUNDREZEPT

# Nudelteig

## Nudeln, Fleckerl, Taschen

Nudelgerichte aus selbst zubereitetem Nudelteig – egal ob süß oder salzig – schmecken unvergleichlich besser als solche aus Fertigprodukten. Die Mühe lohnt sich!

***500 g weißes Mehl***
***3 ganze Eier***
***1 TL Salz***
***1½ EL lauwarmes Wasser zum Teig***
***5 l Wasser und 5 TL Salz zum Kochen***

Das Mehl auf ein Nudelbrett sieben und in die Mitte eine Vertiefung drücken. Die Eier mit dem Salz verrühren und 5 Minuten stehen lassen, dadurch erhält das Eigelb eine intensivere Farbe. Danach in die Vertiefung gießen und nach und nach mit dem Wasser unter das Mehl rühren, dabei von der Mitte zum Schüsselrand hin arbeiten. Nun mit beiden Händen in ca. 15 Minuten einen glatten und glänzenden Teig kneten. Er darf nicht kleben, sondern muß fest und zäh sein. Evtl. noch etwas Mehl dazugeben. In vier gleich große Laibe teilen, diese einzeln rund formen und 30 Minuten, mit einem Topf zugedeckt, ruhen lassen.
Auf einem bemehlten Brett den Teig ca. 2 mm dick ausrollen und – je nach Verwendungsart – zu Nudeln, Fleckerl oder Taschen verarbeiten.

Für **Nudeln** ca. 5 cm breite Streifen schneiden, die Oberflächen leicht bemehlen, aufeinanderlegen und mit einem scharfen Messer in 2 mm bis 1 cm breite Nudeln schneiden.

**Fleckerl** in 1–2 cm große Quadrate schneiden.

**Taschen** in 5 x 5 cm große Quadrate schneiden.

Die Teigwaren mit den Händen etwas auflockern und 30 Minuten trocknen lassen.

**Frische Nudeln kochen:**
Die Teigwaren in das sprudelnd kochende Salzwasser einlegen und nach dem Aufsteigen 8 Minuten unter gelegentlichem Umrühren kochen. Nach dem Abseihen kurz kalt abschrecken und je nach Rezeptanleitung weiterverarbeiten.

***Hinweis***
Wer Nudeln auf Vorrat zubereitet, muß sie – geschnitten und aufgelockert – völlig austrocknen lassen und anschließend in luftdichten Dosen aufbewahren.

## Gebackene Nudeln mit Käse und Rahm

BANAT

**_Nudeln nach Grundrezept (siehe links)_**
**_Fett für die Pfanne_**
**_1 1/2 EL dicker, saurer Rahm_**
**_100 g geriebener Emmentaler_**
**_Salz und Pfeffer_**

Nach dem Grundrezept kleinfingerbreite Nudeln herstellen, kochen und abtropfen lassen. Eine Bratreine oder eine feuerfeste Form dick ausfetten. Die Nudeln hineingeben, mit dem Rahm übergießen. Käse, Salz und Pfeffer vermischen und darauf verteilen. Im vorgeheizten Rohr bei 175°C ca. 30 Minuten überbacken.

## Käsnudeln oder Käsfleckerl

BATSCHKA

**_Nudeln (breitere) oder Fleckerl nach Grundrezept (siehe links)_**
**_500 g trockener Topfen (Quark)_**
**_150 g Räucherspeck_**
**_3 EL dicker, saurer Rahm_**

Die Nudeln oder Fleckerl kochen und abtropfen lassen. Ein Sieb mit einem Tuch auslegen, den Topfen hineingeben, abtropfen lassen und anschließend in dem Tuch ausdrücken. Den Speck in kleine Würfel schneiden und goldbraun auslassen, die Grieben herausnehmen. Das klare Fett nochmals erhitzen und die Nudeln oder Fleckerl hineingeben. Gleich umrühren, damit sie nicht zusammenkleben. Den Rahm und den gut trockenen Topfen darüber verteilen, dabei den Topfen etwas zerbröseln. Leicht erhitzen, aber nicht rühren. Mit den Grieben bestreuen und sofort servieren.

## Grießnudeln

BATSCHKA

**_Nudeln nach Grundrezept (siehe links)_**
**_100 g Schweineschmalz_**
**_100 g Grieß_**
**_1 TL Salz_**
**_100 g Milch_**

Die Nudeln kochen und gut abtropfen lassen. Das Schmalz erhitzen, den Grieß einrühren und blaßgelb anrösten. Salzen, mit der Milch ablöschen und so lange rühren, bis die Milch vollständig aufgenommen ist, der Grieß muß auseinanderfallen und darf keine Klümpchen bilden. Die Nudeln dazugeben, alles miteinander verrühren. Gut abdecken, von der Herdplatte nehmen und 10 Minuten quellen lassen. Aufdecken, noch etwas abdampfen lassen, die Nudeln müssen schön locker auseinanderfallen. Mit Kompott oder sauren Gurken servieren.

**_Hinweis_**
Resteverwertung für eine schmackhafte Suppe: Etwas Fett erhitzen, darin 1 feingehackte Zwiebel mit 1 TL Edelsüßpaprika anrösten, 1 Lorbeerblatt zufügen und mit Wasser aufgießen, Grießnudeln dazugeben, aufkochen lassen und mit saurem Rahm verfeinern.

## Schinkenfleckerl

Österreich, Banat, Batschka, Ungarn

***Fleckerl nach Grundrezept (Seite 16)***
***500 g gekochter Schinken***
***50 g Fett***
***4 EL dicker, saurer Rahm***

Die Fleckerl kochen und gut abtropfen lassen. Den Schinken mit der Küchenmaschine pürieren oder durch den Fleischwolf drehen. Das Fett erhitzen und die Fleckerl hineingeben. Damit sie nicht zusammenkleben, sofort den Schinken dazurühren und mit dem Rahm verfeinern. Noch einmal erhitzen, aber nicht kochen lassen. Bei Tisch nach Belieben mit Pfeffer aus der Mühle bestreuen.

## Krautfleckerl

(Foto Seite 14)

Batschka

***Fleckerl nach Grundrezept (Seite 16)***
***1 mittelgroßer Kopf Weißkraut***
***100 g Schweineschmalz***
***1 TL Salz***
***1 TL Zucker***
***1 knapper EL Wasser***
***Pfeffer***

Die Fleckerl kochen und gut abtropfen lassen. Den Weißkrautkopf vierteln, die äußeren Blätter und den Strunk entfernen, das Kraut hobeln. Das Schmalz erhitzen, das Kraut zugeben und gut umrühren. Salzen und zugedeckt bei schwacher Hitze Saft ziehen lassen. Zucker und Wasser zufügen, umrühren und weich dünsten, das Kraut dabei leicht zerstampfen und bräunen. Die Fleckerl und reichlich Pfeffer untermischen und unter Rühren nochmals erhitzen, bis das Kraut richtig dampft.

## Topfen-Galuschka

Ungarn

***Fleckerl nach Grundrezept (Seite 16)***
***300 g trockener Topfen (Quark)***
***100 g Schweineschmalz***
***1/8 l dicker, saurer Rahm***
***150 g Räucherspeck***

Die Fleckerl kochen und gut abtropfen lassen. Den Topfen in einem Haarsieb ebenfalls abtropfen lassen. Das Fett erhitzen, die Fleckerl hineingeben und vorsichtig umrühren, damit sie nicht zusammenkleben. In eine vorgewärmte Schüssel Fleckerl, Topfen, Rahm und wieder Fleckerl, Topfen und Rahm einschichten. Den Speck in kleine Würfel schneiden, in einer Pfanne auslassen und das Nudelgericht mit den Grieben bestreuen. Das Gericht ca. 10 Minuten bei 70°C im Rohr durchwärmen (der Topfen darf kein Wasser ziehen) und sofort servieren.

Schinkenfleckerl

# SÜSSE NUDELGERICHTE

## Urgroßmutters Milchnudeln

IM GANZEN SÜDOSTEN

***Nudeln nach Grundrezept (Seite 16)***
***1 l Milch***
***2 EL Zucker***
***1 Prise Salz***
***1 EL Butter***

Nach dem Grundrezept kleinfingerbreite Nudeln herstellen. Milch zusammen mit Zucker, Salz und Butter aufkochen, die Nudeln einstreuen, dabei rühren, damit sie nicht zusammenkleben. Sobald die Nudeln kochen, den Topf (er muß hitzebeständige Griffe haben) abdecken und bei 175°C in das vorgeheizte Rohr stellen. Die unterste Schicht soll hellgelb anbraten, dann öfter wenden, damit auch die übrigen Schichten gebraten werden. Mit Kompott bzw. Zucker und Zimt servieren.

## Milchnudeln für Kinder

BATSCHKA

***Nudeln nach Grundrezept (Seite 16)***
***$1^{1}/_{2}$ l Milch***
***70 g Butter***
***2 Stück Würfelzucker***
***1 Prise Salz***

Nach dem Grundrezept die Nudeln herstellen, dabei Milch statt Wasser verwenden. Die angegebene Menge Milch zum Kochen bringen und die Nudeln langsam unter Rühren einstreuen, damit sie nicht zusammenkleben. Die Milch bis zur Hälfte einkochen lassen und dabei die Nudeln immer wieder lockern. Butter, Würfelzucker und Salz dazugeben und möglichst zugedeckt bei nicht zu starker Hitze kurz einkochen lassen. Öfter mit der Backschaufel wenden, bis die Nudeln hellbraun angebraten sind. Mit Kompott oder Vanillesoße servieren.

***Variante***
Die Nudeln zuerst in Salzwasser kochen und danach mit der halben Menge Milch weiterverarbeiten.

## Milchnudeln mit Kastanien

UNGARN, BÖHMEN

***500 g Bandnudeln oder selbst zubereitete Nudeln nach Grundrezept (Seite 16)***
***$1^{1}/_{2}$ l Milch***
***Zucker nach Geschmack***
***500 g geröstete, feingewürfelte Kastanien (Maroni)***
***3 Eigelb***
***100 g Butter***
***100 g Zucker***
***Fett und Semmelbrösel für die Form***

Nach dem Grundrezept kleinfingerbreite Schnittnudeln herstellen. Die Milch mit Zucker zum Kochen bringen, die Nudeln unter Rühren einstreuen und zugedeckt 10–15 Minuten köcheln lassen. Zwischendurch immer wieder umrühren, damit die Nudeln nicht zusammenkleben. Die Nudeln abseihen und auskühlen lassen, dann mit den Kastanien vermischen. Die Eigelbe mit der Butter und dem Zucker verrühren und alles gut mit den Nudeln vermischen. Eine feuerfeste Form gut ausfetten, mit Bröseln ausstreuen, die Nudelmasse einfüllen und im vorgeheizten Rohr bei 180°C in ca. 15 Minuten hellgelb überbacken.

## Preßburger Nuß- und Mohnfleckerl

Österreich, Slowakei

***Fleckerl nach Grundrezept (Seite 16)***
***zusätzlich 1 Ei***
***30 g Schweineschmalz***
***20 g Fett und 50 g Rosinen für die Form***

***CREMEMASSE***
***3 Eier, getrennt***
***100 g Puderzucker***
***1 Päckchen Vanillinzucker***
***50 g Rosinen***
***etwas abgeriebene Schale von unbehandelter Zitrone***
***1 Prise Salz***

***FÜLLUNG***
***1/4 l Wasser***
***125 g Zucker***
***125 g gemahlene Haselnüsse oder fein gemahlener Mohn***
***2 EL gezuckerte Milch***
***50 g Rosinen***
***etwas abgeriebene Schale von unbehandelter Zitrone***

Die Fleckerl – mit 4 Eiern zubereitet – kochen und abtropfen lassen. Das Schmalz erhitzen und die Fleckerl darin wenden, damit sie nicht zusammenkleben.
Für die Crememasse die Eigelbe mit dem Puder- und Vanillinzucker glattrühren. Die Hälfte der Rosinen, Zitronenschale und Salz zufügen, zuletzt den steifgeschlagenen Eischnee unterheben. Die Fleckerl vorsichtig mit der Crememasse vermengen. Eine höhere Auflaufform ausfetten, die restlichen Rosinen hineinstreuen, dann die Hälfte der Cremefleckerl einfüllen und im Rohr bei 180°C 5 Minuten erhitzen.
Inzwischen für die Füllung das Wasser mit dem Zucker dick »spinnen« lassen. Nüsse bzw. Mohn einrühren. Über die heißen Fleckerl verteilen. Die gezuckerte Milch erhitzen und über die Füllung gießen. Rosinen und Zitronenschale darauf verteilen. Mit der zweiten Hälfte der Cremefleckerl abdecken und bei 190°C ca. 15 Minuten überbacken. In gleichmäßige Stücke schneiden und heiß servieren.

## Nudeln auf Nüssen

Banat, Batschka

***Nudeln nach Grundrezept (Seite 16)***
***80 g Butter oder Margarine***
***150 g gemahlene, gut gezuckerte Walnüsse***
***1 Prise Zimt***
***nach Belieben grobe, in Fett geröstete Semmelbrösel***

Nach dem Grundrezept die Nudeln herstellen. In Salzwasser kochen, gut abtropfen lassen. Butter bzw. Margarine erhitzen und die Nudeln hineingeben. Die gezuckerten Walnüsse (sie können auch mit Honig gesüßt werden) sowie den Zimt untermischen. Gut durchrösten, aber nicht braun braten. Evtl. mit gerösteten Semmelbröseln bestreuen und durchheben.

***Variante***
Nudeln mit Bockshärndl:
Statt der Walnüsse dieselbe Menge gezuckerte Bockshärndl (Johannisbrot) verwenden.

# Marienbader Cremenudeln

(Foto Seite 14)

Böhmen, Mähren

***Nudeln nach Grundrezept (Seite 16)***
***1 l Milch***
***2 EL Zucker***
***1 EL Butter***

***VANILLECREME***
***2 EL süßer Rahm***
***1 Päckchen Vanillinzucker***
***3 Eigelb***
***1 TL Mehl***

***SPANISCHER WIND***
***4 Eiweiß***
***4 gehäufte EL Puderzucker***
***Puderzucker zum Bestäuben***

Für dieses Rezept bereiten Sie den Spanischen Wind am besten einige Stunden vorher (oder am Vorabend) zu: die Eiweiße steif schlagen und nach und nach den Puderzucker dazugeben. So lange weiterrühren, bis der Eischnee glänzt und Spitzen bildet. Kleine Häufchen auf Backpapier setzen, mit Puderzucker bestäuben und im offenen Rohr bei schwacher Hitze (80–100°C) trocknen lassen oder ganz hell backen.

Für die Nudeln die Milch zum Kochen bringen, Zucker und Butter zufügen. Die Nudeln einstreuen und so lange kochen, bis sie die Milch aufgesogen haben, ab und zu umrühren.
Während die Nudeln kochen, die Vanillecreme zubereiten: alle Zutaten in einer Metallschüssel verrühren, die Schüssel auf ein heißes Wasserbad setzen und so lange abschlagen, bis eine dickliche Creme entsteht.
Die Nudeln in eine Schüssel geben, mit Vanillecreme übergießen und mit dem Spanischen Wind verzieren.

# Pekmes-Nudeln

Batschka

***Nudeln nach Grundrezept (Seite 16)***
***Zwetschgenmus (Pekmes)***
***Schweineschmalz***
***Semmelbrösel***
***Zucker nach Belieben***

Die Nudeln kochen und kurz abtropfen lassen. Mit dem Zwetschgenmus vermengen und mit den in Schmalz gerösteten Semmelbröseln abschmelzen. Nach Belieben zuckern.

# Powidltaschkerl

Böhmen

***1/2 Grundrezept Nudelteig (Seite 16)***
***Zwetschgenmus (Powidl)***
***Salzwasser zum Kochen***
***Schweineschmalz***
***Zucker und Zimt zum Bestreuen***

Den Nudelteig ganz dünn auswalken. Quadrate schneiden oder mit einem gezackten Krapfenstecher oder einem runden Ausstecher mit 6–8 cm Durchmesser Taschkerl ausstechen. In die Mitte jeweils 1 Teelöffel festes Zwetschgenmus geben und zu Dreiecken bzw. Halbkreisen zusammenschlagen, die Ränder gut zusammendrücken. In einem großen Topf Salzwasser zum Kochen bringen, die Taschkerl einlegen und ziehen lassen, bis sie an die Oberfläche aufsteigen. Mit einem Schaumlöffel herausheben, kalt abschrecken und abtropfen lassen. In einer Pfanne das Schmalz erhitzen, die Taschkerl vorsichtig durchschwenken, damit sie nicht aufreißen.
Mit Zucker und Zimt bestreuen.

## Mohnnudeln

Batschka

***Nudeln nach Grundrezept (Seite 16)***
***80 g Butter oder Margarine***
***200 g fein gemahlener Mohn***
***50 g Zucker oder Honig***
***nach Belieben grobe, in Butter geröstete Semmelbrösel***

Nach dem Grundrezept die Nudeln herstellen. Die Nudeln in Salzwasser kochen, gut abtropfen lassen.
Butter oder Margarine erhitzen und die Nudeln hineingeben. Den Mohn mit Zucker oder Honig süßen, zu den Nudeln geben und alles gut vermischen. Das Gericht soll gleichmäßig heiß werden, aber nicht braten. Mit gerösteten Semmelbröseln vermischen und servieren.

## Stroh und Heu

Österreich

***2 Grundrezepte Nudelteig (Seite 16)***
***50 g Butter oder Margarine***
***1/2 l Milch***
***Salz***
***500 g gemahlene Mandeln, mit etwas Zucker gemischt***

Die Hälfte der Nudeln (sie müssen frisch sein!) in dem heißen Fett, unter häufigem Wenden, schnell hellgelb backen. Die andere Hälfte in die leicht gesalzene, kochende Milch schütten und abseihen, sobald sie aufgestiegen sind. In eine große Schüssel abwechselnd gebratene und gekochte Nudeln einschichten, dabei jede einzelne Schicht reichlich mit der Mandelmischung bestreuen. Mit Weinschaum oder Vanillesoße servieren.

# NUDEL-KARTOFFEL-GERICHTE

## Grenadiermarsch

Batschka

***Nudelteig nach Grundrezept (Seite 16)***
***Salzwasser zum Kochen***
***300 g mehligkochende Kartoffeln***
***3 große Zwiebeln***
***2 gehäufte EL Schweineschmalz***
***1 TL Edelsüßpaprika***

Den Nudelteig etwa 3 mm dick ausrollen und sehr gut trocknen lassen. Etwa markgroße Fleckerl abzupfen, in Salzwasser kochen und gut abtropfen lassen. Die Kartoffeln schälen, in Würfel schneiden und separat in Salzwasser knapp gar kochen. Die Zwiebeln in feine Würfel schneiden.
Das Schmalz erhitzen und die Zwiebeln darin hellgelb rösten. Die noch warmen Kartoffelwürfel dazugeben und goldgelb anbraten. Paprika und die Nudelfleckerl untermischen, alles von allen Seiten knusprig braten. Mit sauer eingelegten Gemüsen wie Gurken und Paprika servieren.

## Kartoffeltaschkerl

BATSCHKA

***1 Grundrezept Nudelteig (Seite 16)***

***KARTOFFELFÜLLUNG***
***1 kg mehligkochende Kartoffeln***
***Salzwasser zum Kochen***
***30 g Schweineschmalz***
***2 EL feingehackte Petersilie***
***1 feingehackte, in Fett geröstete Zwiebel***
***Pfeffer***

***100 g Fett***
***3 EL dicker, saurer Rahm***
***80 g grobe, weiße Semmelbrösel***
***1 TL Edelsüßpaprika***

Den Nudelteig zu 2 gleichgroßen Teigplatten ausrollen. Mit dem Kochlöffel auf einer Teigplatte kleine Quadrate markieren.
Für die Füllung die Kartoffeln schälen, würfeln und in wenig Salzwasser weich kochen, abgießen und fein zerstampfen. Das Schmalz erhitzen, die zerstampften Kartoffeln, Petersilie, Zwiebel und Pfeffer hineingeben und zusammenrühren. Den Kartoffelbrei auskühlen lassen.
1 TL Kartoffelbrei in die Mitte jedes markierten Quadrats der Teigplatte setzen. Mit der zweiten Teigplatte abdecken und diese an den markierten Linien andrücken. An diesen Stellen Taschen ausradeln und die Ränder gut andrücken, damit keine Füllung austreten kann. In kochendes Salzwasser einlegen und vorsichtig, nicht sprudelnd, ca. 8 Minuten kochen. Die Taschkerl abgießen und abtropfen lassen.
In einem Topf 50 g Fett erhitzen, die Taschkerl hineinlegen und mit Sauerrahm begießen. Das restliche Fett separat erhitzen, die Brösel darin goldbraun rösten, Paprika dazugeben und über die Taschkerl verteilen.

## Gschmierti Nudl

BATSCHKA

***5 große, mehligkochende Kartoffeln***
***1 große Zwiebel***
***30 g Schweineschmalz***
***1 Prise Salz***
***1 EL Edelsüßpaprika***
***6 EL Wasser***
***Fett für die Form***
***350 g gekochte Nudeln***
***1 gehäufter EL Semmelbrösel***
***50 g Schweineschmalz***

Die Kartoffeln schälen und in kleine Würfel schneiden. Die Zwiebel fein hacken, im heißen Schmalz anrösten, dann Salz, Paprika und die Kartoffelwürfel dazugeben. Umrühren und mit Wasser ablöschen. Zugedeckt weich dünsten, dann zerstampfen. Eine feuerfeste Form ausfetten. Abwechselnd die Kartoffelmasse und die gekochten Nudeln einschichten. Die Semmelbrösel in heißem Schmalz rösten und die Speise damit abschmelzen. Kurz im vorgeheizten Rohr (200–220°C) erhitzen. Mit grünem Salat servieren.

## Kartoffeln und Nudeln mit Tomatensoße

BANAT, BATSCHKA

***1 Teil Kartoffeln***
***Salzwasser zum Kochen***
***1 Teil Nudeln***
***3 EL Semmelbrösel in Schmalz geröstet***
***Tomatensoße (Seite 27)***

Die Kartoffeln schälen, würfeln und in Salzwasser gar kochen. Die Nudeln ebenfalls in Salzwasser kochen. Kartoffeln und Nudeln abgießen, abtropfen lassen und miteinander vermengen. Mit den Semmelbröseln abschmelzen. Dieses vor allem bei Kindern beliebte Essen mit gesüßter Tomatensoße servieren.

# TARHONYA

## GRUNDREZEPT

### Tarhonya

UNGARN

Tarhonya sind eine ungarische Teigspezialität. Sie werden wie Nudelteig zubereitet, allerdings ganz ohne Wasserzugabe. Man verwendet sie als Suppeneinlage, Beigabe zu Gulasch, aber auch als Grundlage für eigenständige Gerichte.

***1 kg weißes Mehl***
***5 ganze Eier***
***1 Prise Salz***

Das Mehl auf ein Nudelbrett sieben und in die Mitte eine Vertiefung drücken. Die Eier mit dem Salz verrühren und 5 Minuten stehen lassen, dadurch erhält das Eigelb eine intensivere Farbe. Danach in die Mehlmulde gießen. Mit beiden Händen einen glatten Teig kneten und diesen durch ein grobes Drahtsieb drücken. Die dadurch entstehenden gleichgroßen »Riebele« 3–4 Tage in nicht zu praller Sonne trocknen, zwischendurch immer wieder »lüften« (mit den Händen auflockern). In luftdurchlässigen Säckchen aufbewahren.

In Zeiten der Völkerwanderung und nach Beendigung ihrer nomadisierenden Beutezüge kamen die Ungarn in Gegenden um das Schwarze Meer in Berührung mit Türken und Bulgaren. Von ihnen lernten sie den Anbau von Getreide und dessen Verwendung. Die Bezeichnung búza für Weizen und árpa für Gerste ist türkischen Ursprungs. Die Herstellung von Tarhonya fällt höchstwahrscheinlich in diese Zeit. Getrocknet, in Säckchen gefüllt, an Pferdesättel aufgehängt, dienten Tarhonya als bereichernde Wegzehrung auf der langen Strecke bis zu ihrer Niederlassung im Donauraum und der Gegend um Theiss und Marosch.

TARHONYA MIT SPECK

## Tarhonya mit Tomatensoße

UNGARN

***500 g Tarhonya nach Grundrezept (siehe links)***
***50 g Schweineschmalz***
***Wasser***

***TOMATENSOSSE***
***50 g Schweineschmalz***
***50 g Mehl***
***1/2 l Tomatensaft***
***Salz***
***Zucker***

Die Tarhonya kurz im heißen Schmalz anrösten. Knapp mit Wasser bedecken und weich kochen, abgießen.
Für die Tomatensoße das Schmalz erhitzen, das Mehl unter ständigem Rühren darin anrösten, mit Tomatensaft ablöschen und einmal aufkochen lassen. Mit Salz und Zucker abschmecken. Die Soße zu den Tarhonya servieren.

## Tarhonya mit Speck

UNGARN

***500 g Tarhonya nach Grundrezept (siehe links)***
***150 g Räucherspeck***
***Wasser***
***1 TL Edelsüßpaprika***

Den Speck in kleine Würfel schneiden und hellbraun auslassen. Die Speckwürfel herausnehmen und in das Auslaßfett die Tarhonya einrühren. Knapp mit Wasser bedecken und weich kochen. Paprika dazurühren.
Mit den Speckwürfeln bestreut servieren. Hierzu schmecken glasierte Zwiebeln besonders gut.

## Tarhonya mit Zuckererbsen

UNGARN

***500 g Tarhonya nach Grundrezept (siehe links)***
***60 g Schweineschmalz***
***Wasser***
***250 g Zuckererbsen***
***gehackte Petersilie***
***Salz***
***2 EL dicker, saurer Rahm***

30 g Schmalz erhitzen, die Tarhonya kurz darin anrösten. Knapp mit Wasser bedecken und weich kochen, abgießen. Die Erbsen im restlichen Schmalz mit Petersilie weich dünsten, salzen und mit den Tarhonya vermengen. Darüber den Sauerrahm verteilen. Dieses Gericht paßt gut als Beilage zu Rinderschnitzel oder Schweinemedaillon.

Reis.

# Kartoffel-, Reis- und Maisgerichte

Eine unscheinbare Knolle ist die Kartoffel, doch sollte man sie nicht geringschätzig mit einem Achselzucken abtun. Sie ist preiswert und nahrhaft, und ohne sie wären wir und Generationen vor uns in Notzeiten verhungert.

Auf der ganzen Welt werden Kartoffeln in beliebiger Form auf den Tisch gebracht, sehr oft ganz schlicht als Beilage. Die österreichisch-ungarische Küche aber muß seit jeher der Kartoffel besonders zugetan gewesen sein, weil sie diese in auffallend variationsreichen Zubereitungen kennt, sie als selbständiges Gericht oder auch als Knödel mit süßem Innenleben und reich gezuckert als Krönung und Abrundung eines Gastmahles serviert. Jede Hausfrau greift natürlich immer wieder gerne auf die Kartoffelrezepte aus Omas Schatztruhe zurück.

Aber: So gut manche Frühkartoffeln – in der Schale gekocht, mit Butter, Salz und einem Glas Buttermilch schmecken und auf diese Weise gekocht auch noch vitaminreich sind – für die angegebenen Rezepte sind sie nicht geeignet. Dafür brauchen Sie mehligkochende **Spätkartoffeln** (allerdings auch keine ganz alten Lagerkartoffeln).
Die beliebteste Sorte im Südosten ist die »Desirée«. Sie ist gleichmäßig groß, hat eine rosa Schale und wenige Augen. Ihr Geschmack erinnert an Maronen. Es kann auch die holländische »Bintje« verwendet werden.
Kartoffeln, die zu Teig verarbeitet werden, dürfen erst unmittelbar vor Verwendung geschält werden, damit keine Haut entsteht und dem Teig evtl. die Geschmeidigkeit nimmt.

In den Küchen der Donaumonarchie wird **Reis** ebenfalls oft als selbständiges Gericht zubereitet. Milchreis zum Beispiel war schon immer eine beliebte Kost für Kinder, aber auch – weniger gezuckert – für Alte und Kranke. Beliebt ist Reis auch als Suppeneinlage, als Garnierung und für Aufläufe. Den Stellenwert der Kartoffel aber hat er in der k.u.k.-Küche nie erreicht.

Kukuruz wird der **Mais** genannt, er ist von großer Bedeutung.
Als Polenta zubereitet, ist er eine beliebte Beilage zu Fisch- und Fleischgerichten. Aber auch als Hauptmahlzeit sind den Varianten keine Grenzen gesetzt. In Dalmatien ist man in Bezug auf Kukuruz ganz besonders erfinderisch.
Salzige Gerichte aus Mais, aufbereitet mit Zutaten wie Fett, Zwiebeln, Butter, Käse, Paprika, Schafkäse und saurem Rahm, wurden dort »erfunden« und von ganz Südosteuropa übernommen.
Aber auch die süßen Maisgerichte, zum Beispiel mit Zwetschgenmus, Zucker und Zimt kombiniert, sind nicht mehr wegzudenkende, lukullische Köstlichkeiten.

# SALZIGE KARTOFFELGERICHTE

## Erdäpfelschmarrn

120 Jahre altes Rezept
Banat, Batschka

***1 kg am Vortag in der Schale gekochte Kartoffeln (mehligkochende)***
***150 g Mehl***
***etwas Salz***
***50 g Schweineschmalz***
***1 feingehackte Zwiebel***

Die Kartoffeln pellen, reiben und mit Mehl und Salz zusammenkneten. Das Schmalz erhitzen, die Kartoffelmischung und die Zwiebel darin anbraten. Dabei immer wieder umschäufeln, bis schöne, hellbraune Brocken entstehen. Mit sauren Gurken servieren.

***Hinweis***
Wird der Schmarrn ohne Zwiebel zubereitet, kann er auch zu Kompott gereicht werden.

## Flutten

Sparrezept aus der Batschka

***1 kg mehligkochende Kartoffeln***
***Salzwasser zum Kochen***
***gehackte Petersilie***
***etwas Pfeffer***
***80 g Mehl***
***50 g Schweineschmalz***
***saurer Rahm***

Die Kartoffeln schälen, würfeln und in Salzwasser weich kochen. Abgießen, stampfen und mit Petersilie, Pfeffer und Mehl vermengen. Eßlöffelweise in heißes Schmalz geben, etwas flach drükken und gut durchziehen lassen. Zum Servieren mit Sauerrahm (nach Geschmack mit 1 TL Paprika vermengt) begießen, da sie ansonsten in der Batschka als »Rachenhänger« bezeichnet wurden.

## Kartoffelschweinchen

Siebenbürgen

***250 g mehligkochende Kartoffeln***
***250 g Mehl***
***10 g Hefe***
***1/8 l lauwarme Milch***
***2 Eigelb***
***Salz***
***3 Eiweiß***
***Öl zum Ausbacken***

Die Kartoffeln kochen, schälen und durchpassieren. Das Mehl hinzugeben und beides locker vermengen. Die Hefe in etwas Milch auflösen, mit Mehl bestäuben und das Dampferl aufgehen lassen. Wenn es sein Volumen verdoppelt hat, alle Zutaten, also die mit Mehl vermengten Kartoffeln, das Dampferl, Eigelb und Salz vermengen. Zuletzt das zu steifem Schnee geschlagene Eiweiß hinzugeben. Den Teig zudecken und nochmals aufgehen lassen.
In einem Reindel (Bratreine) Öl erhitzen. Von dem Teig kaffeelöffelgroße »Schweinchen« (Nockerl) abstechen und im Öl schwimmend goldgelb backen.

***Hinweis***
Aus diesem Kartoffelteig kann man auch »Rübchen« (wie Kroketten) formen, in Mehl, Ei und Bröseln wenden und in heißem Öl ausbacken. Beide Rezepte können als Hauptgericht mit Marmelade oder als feine Zuspeise für Braten gereicht werden.

## Sztrapačka

(Foto Seite 28)

Slowakei

**_600 g mehligkochende Kartoffeln_**
**_1 feingehackte, in 30 g Schmalz geröstete Zwiebel_**
**_300 g Mehl_**
**_60 g Schweineschmalz_**
**_1 Prise Salz_**
**_Salzwasser zum Kochen_**
**_100 g Räucherspeck_**
**_150 g zerbröselter Schafkäse_**
**_125 g dicker, saurer Rahm_**

Die Kartoffeln schälen und roh reiben. Das Mehl mit den geriebenen Kartoffeln, den in Schmalz gerösteten Zwiebeln, Schmalz und Salz zu einem glatten Kartoffelteig vermengen. Schnell arbeiten, damit die Kartoffeln sich nicht verfärben. Mit Hilfe von zwei Löffeln Spätzchen abstechen, in sprudelnd kochendes Salzwasser gleiten lassen und kurz kochen. Sie sind gar, wenn sie an die Oberfläche steigen. Abgießen.
Den Speck in kleine Würfel schneiden, in einer Pfanne goldbraun ausbraten. Die Grieben herausnehmen und die abgetropften Spätzchen in dem Bratfett wälzen. Zugedeckt bei schwacher Hitze 10 Minuten ziehen lassen. Mit Schafkäse bestreuen und vermischen. Mit den Grieben belegen und den Rahm darübergießen.

## Tepsie-Krumpiere

Batschka, St. Ivan

**_1 kg mehligkochende Kartoffeln_**
**_3 große Zwiebeln_**
**_Schweineschmalz für die Form_**
**_Räucherspeckscheiben_**
**_pro Person 20 cm Bratwurst (Kolbász) nach Belieben_**
**_Edelsüßpaprika_**
**_etwas Salz_**

Die Kartoffeln schälen. Kartoffeln und Zwiebeln in Scheiben schneiden. Eine Bratreine dick mit Schmalz ausfetten und die Kartoffelscheiben dachziegelartig einschichten, so daß man den Boden der Form nicht mehr sieht. Mit den Zwiebel- und Speckscheiben und evtl. der Bratwurst belegen. Mit Paprika bestäuben, leicht salzen und im vorgeheizten Rohr bei 190°C eine gute Stunde knusprig braun braten.

**_Variante_**
Aus 1 Tasse Mehl, Wasser, etwas Salz und Edelsüßpaprika und 1 Ei ein leichtes Teigerl anrühren und über die Kartoffelscheiben gießen, bevor sie belegt werden. Das ergibt eine besonders gute Kruste am Boden der Reine.

## Strapatschka

Zips

**_500 g mehligkochende Kartoffeln_**
**_1 Ei_**
**_1 Prise Salz_**
**_1 EL Schweineschmalz_**
**_dunkles Mehl nach Bedarf_**
**_Salzwasser zum Kochen_**
**_150 g Räucherspeck_**
**_100 g zerbröselter Schafkäse_**

Die Kartoffeln in der Schale kochen, etwas auskühlen lassen und durchpressen. Ei, Salz, Schmalz und so viel Mehl einarbeiten, daß ein geschmeidiger Kartoffelteig entsteht. Von dem Teig mit einem Löffel Nockerl abstechen und in siedendes Salzwasser einlegen. Sie sind gar, wenn sie aufsteigen. Abgießen.
Den Speck in kleine Würfel schneiden, in einer Pfanne goldbraun ausbraten. Die Grieben herausnehmen und die abgetropften Nockerl in das heiße Bratfett geben. Den Schafkäse sehr schnell untermischen. Das Gericht auf einer heißen Platte anrichten und mit den Grieben bestreuen.

# Scharfe Krumpiere

BATSCHKA

***1 kg mehligkochende Kartoffeln***
***2 große Zwiebeln***
***30 g Schweineschmalz***
***2 gehäufte EL Edelsüßpaprika***
***3/4 l Wasser***
***Salz***
***1 gehäufter EL Tomatenmark***
***nach Belieben 1 rote Paprikaschote und durchwachsener Räucherspeck oder frische oder leicht geräucherte Bratwürst (bzw. Wiener Würstchen oder Debrecziner)***

Die Kartoffeln schälen und vierteln. Die Zwiebeln fein schneiden und im heißen Schmalz anrösten. Paprika dazurühren und schnell mit Wasser aufgießen, damit er nicht bitter wird. Kartoffeln, Salz, Tomatenmark und evtl. gewürfelte Paprikaschote sowie den in fingerdicke Stücke geschnittenen Speck oder Bratwürste in die Flüssigkeit geben und kochen, bis die Kartoffeln weich sind. Statt Speck bzw. Bratwürsten können kurz vor Ende der Garzeit auch Wiener Würstchen oder Debrecziner zugegeben werden.

***Variante***
Statt Speck bzw. Würsten Nockerl in der fast fertigen Suppe kochen. Dazu pro Person 1 Ei mit etwas Salz und so viel Mehl verrühren, daß ein halbfester Teig entsteht. Diesen so lange abschlagen, bis er sich vom Schüsselrand löst. Mit dem Teelöffel kleine Nockerl abstechen und direkt in die Suppe gleiten lassen.

# Kartoffel-Prósza

BUDAPEST

***1 kg mehligkochende Kartoffeln***
***Salz***
***100 g Grieben***
***Fett für das Backblech***

Die Kartoffeln schälen, reiben, salzen und mit den Grieben mischen. Ein Backblech gut fetten, die Kartoffelmasse daraufstreichen und im vorgeheizten Rohr bei 180°C gut eine halbe Stunde knusprig überbacken. Gut zu Wein und Bier.

# Saure Krumpiere mit Nudeln

BATSCHKA

***500 g mehligkochende Kartoffeln***
***1 große Zwiebel***
***50 g Schweineschmalz***
***2 EL Edelsüßpaprika***
***3/4 l Wasser***
***1 Lorbeerblatt***
***Salz***
***1 Schuß Weinessig***
***1 Ei (pro Person)***
***2–3 EL saurer Rahm***
***500 g nach Grundrezept (Seite 16) selbst zubereitete oder fertig gekaufte Bandnudeln***

Die Kartoffeln schälen und in dünne Scheiben schneiden. Die Zwiebel fein schneiden. Im heißen Schmalz die Zwiebel anrösten. Paprika dazugeben und schnell mit Wasser aufgießen. Lorbeerblatt, Salz und die Kartoffelscheiben dazugeben. Wenn die Kartoffeln weich sind, den Weinessig dazugießen und dann ganz vorsichtig die aufgeschlagenen Eier in die Suppe gleiten lassen, sie müssen ganz bleiben. Einige Minuten weiterkochen lassen, dann mit Rahm verfeinern. Die Nudeln in Salzwasser kochen und abgeseiht zur Suppe servieren.

# Kartoffelplätzchen

UNGARN

***3 Teile gekochte, durchgepreßte Kartoffeln***
***1 Teil Mehl***
***1 feingeschnittene, in Fett glasig geröstete Zwiebel***
***etwas gehackte Petersilie***
***etwas Salz***
***2–3 Eier***
***Schweineschmalz zum Ausbacken***

Aus den angegebenen Zutaten einen glatten Kartoffelteig kneten. Evtl. mit noch etwas mehr Mehl binden. Auf bemehltem Brett Kugeln formen, diese etwas flach drücken und nach Belieben mit einem Messerrücken Vierecke markieren. In erhitztem Schmalz schwimmend ausbacken. Die Plätzchen allein oder als Beilage zu Wild servieren.

# Kartoffelspatzen

ALTES REZEPT AUS DEM ELSASS

***2 kg Kartoffeln, Salz***
***500 g am Vortag gekochte Kartoffeln (mehligkochende)***
***3 gehäufte EL dicker, saurer Rahm***
***heißes Gänse- oder Schweineschmalz oder braune Butter zum Begießen***

Die Kartoffeln schälen und roh reiben, durch ein poröses Tuch das Wasser abpressen. Die ausgedrückten Kartoffeln in eine Schüssel geben, mit etwas Salz bestreuen. Das abgepreßte Kartoffelwasser stehen lassen, damit sich die Stärke absetzt. Die gekochten Kartoffeln durchpressen und mit dem sauren Rahm zu den rohen Kartoffeln geben. Von der inzwischen abgesetzten Kartoffelstärke das Wasser abgießen und mit den Kartoffeln gut zusammenkneten. Etwa 10 Knödel formen und in kochendes Salzwasser einlegen. Wenn sie aufgestiegen sind, noch ca. 30 Minuten ziehen lassen. Die Spatzen mit einem Schaumlöffel herausnehmen, abtropfen lassen, auf eine vorgewärmte Platte legen, mit zwei Gabeln auseinanderreißen und mit dem Schmalz oder Butter begießen. Gut zu Sauerkraut.

# Kartoffelstangen »Darwitscher«

BÖHMEN

***$1^1/_4$ kg mehligkochende Kartoffeln***
***500 g trockener Topfen (Quark)***
***3 ganze Eier***
***100 g Grieben***
***400 g Mehl***
***1 feingehackte, geröstete Zwiebel***
***1 Prise Pfeffer***
***Fett für das Backblech***

Die Kartoffeln in der Schale kochen, kurz auskühlen lassen, schälen und durchpressen. Den Topfen mit den übrigen Zutaten dazugeben und gut zusammenkneten. Den Teig in vier Teilen jeweils separat auswalken. In 10–12 cm lange, 5 cm breite Stücke schneiden, auf ein gut gefettetes Backblech legen und im vorgeheizten Rohr bei 180°C in ca. 30 Minuten hellgelb backen. Warm oder kalt servieren.

KARTOFFELPLÄTZCHEN

# Schupfnudeln

Banat, Batschka

***1 kg mehligkochende Kartoffeln***
***1 Ei***
***1 Prise Salz***
***Mehl nach Bedarf***
***Salzwasser zum Kochen***
***ca. 80 g Semmelbrösel***
***150 g Schweineschmalz***

Die Kartoffeln in der Schale kochen, kurz auskühlen lassen, schälen und durchpressen. Die noch lauwarme Kartoffelmasse mit Salz und so viel Mehl zusammenkneten, daß der Teig nicht mehr zu sehr klebt. Er soll mittelfest sein. Fingerlange Nudeln formen, indem man sie in Mehl immer ein wenig »schubst«.
In kochendes Salzwasser gleiten lassen und abseihen, wenn sie aufgestiegen sind. Semmelbrösel in heißem Schmalz rösten, die abgetropften Nudeln vorsichtig darin wälzen. Zu Fleischgerichten oder mit Kompott als Hauptspeise servieren.

***Variante (siehe Foto):***
Gekochte Schupfnudeln nur im Schmalz bräunen lassen. Mit Speck-Sauerkraut servieren.

Schupfnudeln

# Kartoffel-Ganica

BUDAPEST

***1 kg mehligkochende Kartoffeln***
***80 g Mehl***
***1 TL Salz***
***1 Messerspitze Edelsüßpaprika***
***ca. 50 g Schmalz für die Form***
***3 große, feingehackte, in Schmalz geröstete Zwiebeln***
***ca. 125 g saurer Rahm***

Die Kartoffeln schälen, kochen und durchpressen. Die noch lauwarme Kartoffelmasse mit Mehl, Salz und Paprika gut vermischen. Eine feuerfeste Form sehr gut ausfetten; mit dem Fett nicht sparen, da das Gericht sonst anklebt.
Die Kartoffelmasse hügelartig einschichten und mit viel in Fett gerösteten Zwiebeln bestreuen. Reichlich sauren Rahm verquirlen, darübergießen und im vorgeheizten Rohr bei 180°C in ca. 30 Minuten goldbraun überbacken.

# Kartoffelnudeln mit Topfen

BANAT

***1 kg mehligkochende Kartoffeln***
***5 EL Mehl***
***1 Prise Salz***
***2 Eier***
***2 EL Grieß***
***4 EL trockener Topfen (Quark)***
***Fett zum Ausbacken***

Die Kartoffeln in der Schale kochen, kurz auskühlen lassen, schälen und durchpressen. Die noch lauwarme Kartoffelmasse mit Mehl, Salz, Eiern, Grieß und Topfen gut zusammenkneten. Aus dem Teig fingerdicke Nudeln ähnlich wie Schupfnudeln formen und in heißem Fett von beiden Seiten goldgelb ausbacken.

# Kartoffelkücherl

ÖSTERREICH

***1 kg mehligkochende Kartoffeln***
***1 Eigelb***
***1 TL Salz***
***1 Prise Pfeffer***
***2 gehäufte EL Semmelwürfel***
***20 g Butter***
***Butter für das Backblech***
***nach Belieben frisch ausgelassene Grieben***

Die Kartoffeln in der Schale kochen, kurz auskühlen lassen, schälen und noch halbwarm zerdrücken. Mit dem Eigelb, Salz, Pfeffer, Semmelwürfeln und Butter gut vermengen. Mit der Hand gleichmäßige, etwa 7 cm Ø große Kücherl formen und flach drücken. Ein Backblech buttern, die Kücherl nebeneinander darauflegen und im vorgeheizten Rohr bei 190°C in ca. 30 Minuten goldbraun backen. Evtl. mit Grieben bestreuen. Mit Essigpflaumen servieren.

# Kartoffelgemüse mit Hefeküchlein

BATSCHKA, BANAT

***KARTOFFELGEMÜSE***

***500 g mehligkochende Kartoffeln***

***2 Lorbeerblätter***

***1 l Salzwasser***

***50 g Schweineschmalz***

***1 große, feingeschnittene Zwiebel***

***2 EL Mehl***

***1 Messerspitze Edelsüßpaprika***

***1 Schuß guter Weinessig***

***1 EL dicker, saurer Rahm***

***HEFEKÜCHLEIN***

***650 g Mehl***

***1/2 l lauwarme Milch***

***20 g Hefe***

***1 EL Zucker***

***30 g zerlassene Butter***

***1 Ei***

***3 Eigelb***

***1 Prise Salz***

***Schmalz zum Ausbacken***

Die Kartoffeln schälen, in dünne Scheiben schneiden und zusammen mit den Lorbeerblättern in leichtem Salzwasser weich kochen. Im heißen Schmalz die Zwiebel anrösten, Mehl dazurühren und etwas mitrösten lassen. Paprika zugeben und alles zum Kartoffelgemüse geben. Aufkochen lassen, mit Weinessig abschmecken und mit saurem Rahm verfeinern.

Für die Hefeküchlein das Mehl in eine Schüssel sieben, in die Mitte eine Vertiefung drücken. Von der Milch 3–4 EL abnehmen und darin in einer Tasse die Hefe mit Zucker auflösen, anschließend in die Mehlmulde schütten. Mit etwas Mehl bestreuen, die Schüssel mit einem Tuch abdecken und das Dampferl an einem warmen Ort aufgehen lassen. Wenn das Dampferl sein Volumen etwa verdoppelt hat, die übrigen Zutaten dazugeben und alles zusammen gut abschlagen, bis sich der Teig vom Schüsselrand löst. Erneut aufgehen lassen. Den Hefeteig auf ein bemehltes Brett stürzen und gut daumendick auswalken. In gleichmäßige Vierecke von 6 x 12 cm schneiden. Nochmal mit einem Tuch bedeckt aufgehen lassen, dann in der Mitte etwas auseinanderziehen und im heißen Schmalz goldbraun ausbacken und zum Kartoffelgemüse servieren. Die Hefeküchlein passen auch gut zu dicker Weiße-Bohnen-Suppe.

FÜR DAS KARTOFFELGEMÜSE EIGNEN SICH AM BESTEN MEHLIGKOCHENDE SPÄTKARTOFFELN WIE ZUM BEISPIEL DIE SORTEN »DESIRÉE« ODER »BIENTJE«.

# SÜSSE KARTOFFEL-GERICHTE

## Kartoffelnudeln mit Hefe

Österreich

***500 g Mehl***
***1/4 l lauwarme Milch***
***30 g Hefe***
***1 Prise Zucker***
***1 Messerspitze Salz***
***70 g zerlassene Butter***
***3 Eier***
***500 g gekochte, durchgepreßte Kartoffeln (mehligkochende)***
***Schmalz zum Ausbacken***
***Zucker zum Bestäuben***

Das Mehl in eine Schüssel sieben, in die Mitte eine Vertiefung drücken. Von der Milch 3–4 EL abnehmen und darin in einer Tasse die Hefe mit Zucker auflösen, anschließend in die Mehlmulde schütten. Mit etwas Mehl bestreuen, die Schüssel mit einem Tuch abdecken und das Dampferl an einem warmen Ort aufgehen lassen. Wenn das Dampferl sein Volumen etwa verdoppelt hat, die übrigen Zutaten dazugeben und alles zusammen gut abschlagen, bis sich der Teig vom Schüsselrand löst.

Erneut aufgehen lassen, noch einmal durchkneten und auf einem bemehlten Brett dick auswalken. Fingerdicke Nudeln ähnlich wie Schupfnudeln formen. Nochmal mit einem Tuch bedeckt aufgehen lassen, dann im heißen Schmalz ausbacken. Leicht mit Puderzucker bestäubt servieren.

## Skubanki

Slowakei

***1 1/2 kg mehligkochende Kartoffeln***
***Salz***
***250 g Mehl***
***150 g Butter oder Margarine***
***150 g feingemahlener Mohn und Zucker zum Bestreuen***

Die Kartoffeln schälen, vierteln und in Salzwasser weich kochen. Das Wasser abgießen, die Erdäpfel zugedeckt kurz ausdünsten lassen und zerstampfen. Mit dem Kochlöffelstiel Löcher in die Kartoffelmasse stechen, Mehl hineinschütten und auf der warmen Herdplatte zugedeckt 15 Minuten stehen lassen. Dann fest abrühren, mit einem Löffel Nocken abstechen und diese in dem heißen Fett leicht anbraten. Mit Mohn und Zucker bestreuen. Vorher können sie nach Belieben noch mit heißer Butter begossen werden.

## Kartoffelnudeln mit Äpfeln

(Foto Seite 28)

Ungarn

***1 kg mehligkochende Kartoffeln***
***2 Eier***
***5 gehäufte EL Mehl***
***1 Prise Salz***
***2 EL Zucker***
***Fett für das Backblech***

***APFELFÜLLUNG***
***4 gehäufte EL in Butter geröstete Semmelbrösel***
***4 EL Zucker***
***Zimt***
***400 g geschälte, feingeschnittene Äpfel***

Die Kartoffeln in der Schale kochen, kurz auskühlen lassen, pellen und durchpressen. Die noch lauwarme Kartoffelmasse mit den Eiern, Mehl, Salz und Zucker gut zusammenkneten. Den Teig in vier Teilen jeweils separat auswalken. Jeden Fleck mit 1 gehäuften EL Semmelbröseln, 1 EL Zucker und etwas Zimt bestreuen und mit 100 g Äpfeln belegen. Locker zusammenrollen, auf ein gut gefettetes Backblech legen und im vorgeheizten Rohr bei 170°C ca. 45 Minuten backen.

## Erdäpfelfinger

120 Jahre altes Rezept

**1 kg am Vortag gekochte Kartoffeln (mehligkochende)**
**2 Eier**
**150 g Mehl**
**etwas Salz**
**1 EL dicker, saurer Rahm**
**Schmalz zum Ausbacken**
**Konfitüre zum Tunken**

Die Kartoffeln schälen, reiben und mit den Eiern, Mehl, Salz und Sauerrahm zusammenkneten. Mit bemehlten Händen fingerlange Nudeln formen und schwimmend in heißem Schmalz goldgelb backen. Mit Konfitüre zum Eintunken servieren. Bei Kindern sehr beliebt.

## Krumpierenstrudel mit Zwetschgen

Batschka

**1 kg mehligkochende Kartoffeln**
**250 g Mehl**
**3 Eier**
**2 EL Zucker**
**1 Prise Salz**
**Fett für das Backblech**

***ZWETSCHGENFÜLLUNG***
**50 g in Schmalz geröstete Semmelbrösel**
**2–3 EL Zucker**
**500 g entsteinte, geviertelte Zwetschgen**

Die Kartoffeln in der Schale kochen, kurz auskühlen lassen, pellen und durchpressen. Die noch lauwarme Kartoffelmasse mit Mehl, Eiern, Zucker und Salz gut zusammenkneten. Den Teig auf einem bemehlten Brett ziemlich dünn auswalken. Mit Bröseln und Zucker bestreuen und mit Zwetschgen belegen. Locker zusammenrollen und auf ein gut gefettetes Backblech legen. Bei 170°C im vorgeheizten Rohr ca. 45 Minuten backen.

## Kartoffelkipferl

Banat

**250 g mehligkochende, in der Früh gekochte Kartoffeln**
**250 g Mehl**
**50 g handwarme Butter**
**2 gehäufte EL Zucker**
**1 Prise Salz**
**1 ganzes Ei**
**Konfitüre zum Füllen**
**Fett für das Backblech**

Die Kartoffeln pellen, durchpressen. Mit den übrigen Zutaten gut zusammenkneten und auf einem bemehlten Brett möglichst dünn auswalken. In ca. 5 x 5 cm große Quadrate schneiden, in die Mitte etwas Konfitüre geben, diagonal zu Kipferl zusammenschlagen und die Ränder etwas andrücken.
Auf ein gut gefettetes Backblech legen und im vorgeheizten Rohr bei 175–180°C in ca. 30 Minuten goldgelb backen.

## Schupfnudeln gebacken

Banat, Batschka

**1 kg mehligkochende Kartoffeln**
**½ TL Salz**
**2 Eier**
**Mehl nach Bedarf**
**Fett zum Ausbacken**

Die Kartoffeln in der Schale kochen, kurz auskühlen lassen, pellen und durchpressen. Die noch lauwarme Kartoffelmasse mit Salz, den Eiern und so viel Mehl zusammenkneten, daß der Teig nicht mehr zu sehr klebt; er soll mittelfest sein. Etwas größere und dickere Nudeln formen, indem man sie in Mehl immer ein wenig »schubst«. Schwimmend in heißem Fett kurz ausbacken. In Konfitüre tunken oder in süßer Milch servieren. Hierzu wird Milch mit einer Prise Salz und Zucker nach Geschmack vorher kurz aufgekocht.

## Schwanzl oder Wutzerl

SIEBENBÜRGEN

***650 g mehligkochende Kartoffeln***
***350 g Mehl***
***1 Ei***
***Salz***
***1 Ei***
***2 EL Milch***
***1 EL Semmelbrösel***
***Öl oder Butterschmalz zum Ausbacken***
***Zucker und Zimt zum Bestreuen***

Die Kartoffeln kochen, schälen und durchpassieren. Locker mit dem Mehl, Ei und Salz vermengen. Den Kartoffelteig auf einer bemehlten Fläche zu einer gut daumendicken Rolle formen und davon mit einem Messer etwa 2 cm dicke Scheibchen abschneiden. Jedes Scheibchen mit der Hand zu einem kleinen Würstchen drehen. Alle »Schwanzl« zusammen in siedendem Salzwasser weich kochen, in einem Durchschlag abtropfen lassen.
Ei und Milch gut vermischen, die »Schwanzl« darin eintauchen, dann in gerösteten Semmelbröseln wenden und in Öl oder Butterschmalz ausbacken. Mit Zucker und Zimt bestreuen und mit Hagebuttenmarmelade servieren.

## Mohnkichl

130 JAHRE ALTES REZEPT

***1 kg mehligkochende, in der Früh gekochte Kartoffeln***
***2 Eier***
***250 g Mehl, 1 TL Salz***
***Fett für das Backblech***
***Ei zum Bestreichen***

***MOHNFÜLLUNG***
***$^{1}/_{4}$ l Milch, 3 EL Honig***
***500 g feingemahlener Mohn***
***etwas Zucker***
***1 Päckchen Vanillinzucker***
***1 Schuß Rum***

Bei diesem Rezept ist es sinnvoll, zuerst die Füllung zuzubereiten: Die Milch mit dem Honig erhitzen, den Mohn einrühren und einen dicken Brei kochen. Auskühlen lassen. Mit Zucker, Vanillinzucker und Rum abschmecken.
Die Kartoffeln pellen, durchpressen und mit den Eiern, Mehl und Salz zu einem festen Teig kneten. Zur Rolle formen und etwa gänseeigroße Stücke abschneiden. Runde Flecken daraus formen, diese füllen und zu Knödeln drehen. Die Knödel wieder flach drücken. Vorsichtig verfahren, damit die Füllung nicht heraustritt. Auf ein gut gefettetes Backblech legen, mit Ei bestreichen und im vorgeheizten Rohr bei 180°C in ca. 30 Minuten goldbraun backen.

## Pekmestaschkerl

BATSCHKA

***$^{3}/_{4}$ kg mehligkochende Kartoffeln***
***30 g Schweineschmalz***
***250 g Mehl***
***Salz***
***1 Ei***
***Zwetschgenmus (Pekmes)***
***Salzwasser zum Kochen***
***in Fett geröstete Semmelbrösel***
***Puderzucker zum Bestäuben***

Die Kartoffeln in der Schale kochen, kurz auskühlen lassen, pellen und durchpressen. Die noch lauwarme Kartoffelmasse mit Schmalz, Mehl, Salz und dem Ei gut zusammenkneten. Auf einem bemehlten Brett dünn auswalken und in Quadrate schneiden.
In die Mitte jedes Quadrats 1 TL Zwetschgenmus geben und zu Dreiecken zusammenklappen, die Ränder gut andrücken. Die Taschkerl in kochendes Salzwasser gleiten lassen. Sie sind gar, wenn sie an die Oberfläche aufgestiegen sind. Abgießen, abtropfen lassen und vorsichtig in den Bröseln wenden. Mit Puderzucker bestäubt servieren.

## Reis mit grünen Erbsen

Österreich

***280 g Langkornreis***
***50 g Schweineschmalz***
***Salz***
***Wasser zum Kochen***
***250 g grüne Erbsen***
***Salzwasser zum Kochen***

Den Reis in ein Sieb geben und gut mit kaltem Wasser abbrausen. Das Schmalz erhitzen, den abgetropften Reis hineingeben und umrühren, so daß sich das Fett gleichmäßig verteilt. Leicht salzen, mit Wasser knapp bedecken, weich kochen. Dabei ab und zu umrühren und notfalls kleinere Mengen Wasser nachgießen. Inzwischen die Erbsen in leichtem Salzwasser weich kochen, abgießen und abgetropft mit dem Reis vermengen. Evtl. mit Schinkenwürfeln oder Spiegeleiern servieren.

***Variante***

Reis mit Pilzen: Statt der Erbsen beliebige Pilze verwenden. Ca. 250 g Pilze fein würfeln und mit gehackter Petersilie in heißem Fett anrösten; salzen und im eigenen Saft weich dämpfen. Mit dem Reis vermengen und zu Braten servieren.

## Reisrand

Wien

***280 g Reis, möglichst Rundkorn***
***Fleischbrühe zum Kochen***
***50 g frische Butter***
***50 g geriebener Parmesan***
***1 Ei, getrennt***
***200 g kleine, rohe Leberstückchen oder Krebsschwänzchen***
***Fett für die Puddingform***
***geriebener Parmesan zum Bestreuen***

Den Reis in ein Sieb geben und gut mit kaltem Wasser abbrausen. Mit soviel kalter Fleischbrühe in einen Topf geben, daß er knapp bedeckt ist. Weich dämpfen. Butter, Parmesan, Eigelb, steifgeschlagenes Eiweiß und Leberstückchen bzw. Krebsschwänzchen unterrühren. Diese Mischung in eine gefettete Ringform füllen, die Form fest schließen und in ein kochendes Wasserbad stellen. Nach ca. 30 Minuten ist der Pudding gar. Die Form öffnen, den Pudding vorsichtig auf eine vorgewärmte Platte stürzen und, mit Parmesan bestreut, servieren.

## Milchreis

Im ganzen Land

***280 g Milchreis (Rundkorn)***
***1 l Milch zum Kochen***
***1 Prise Salz***
***4 EL Zucker***

***FÜR DAS WARME GERICHT***
***Schokoladestreusel***
***etwas Kakao***
***Zucker und Zimt oder Sauerkirschkonfitüre***

***FÜR DAS KALTE GERICHT***
***Eingeweckte Aprikosen***
***Vanillesoße***

Den Reis in ein Sieb geben und gut mit kaltem Wasser abbrausen. Die Milch zum Kochen bringen, Salz und Zucker dazugeben und den abgetropfen Reis darin weich kochen. Warm mit einer der angegebenen Zutaten servieren.
Soll das Gericht kalt gegessen werden, den heißen Reis in eine kalt ausgespülte Form füllen und nach dem Erkalten stürzen. Im Aprikosenkranz mit Vanillesoße servieren.

Milchreis mit Sauerkirschen

# MAISGERICHTE

## Polenta

BANAT, DALMATIEN

***1 l Salzwasser zum Kochen***
***500 g Maisgrieß (Kukuruz)***
***50 g heiße Butter***
***50 g geriebener Parmesan***

Das Salzwasser zum Kochen bringen. Unter ständigem Rühren den Maisgrieß einrieseln lassen und bei schwacher Hitze in ca. 15 Minuten zu einem dicken Brei kochen. Den Topf von der Herdstelle nehmen und das Gericht 30 Minuten ziehen, aber nicht auskühlen lassen. Mit Hilfe von zwei Eßlöffeln Nocken abstechen, auf eine vorgewärmte Platte legen, mit der Butter begießen und mit Parmesan bestreuen. Paßt gut zu gebratenen Schweinswürsteln.

## Dalmatinische Polenta

DALMATIEN

***1 l Salzwasser zum Kochen***
***250 g Maisgrieß (Kukuruz)***
***1 Prise Muskat***
***Schmalz für die Form***
***250 g Schafkäse***
***1 EL dicker, saurer Rahm***
***150 g durchwachsener Speck***
***2 feingehackte Zwiebeln***
***1 EL Edelsüßpaprika***

Das Salzwasser zum Kochen bringen. Unter ständigem Rühren den Maisgrieß einrieseln lassen, mit Muskat würzen. Unter weiterem ständigen Rühren bei geringer Hitze ca. 30 Minuten kochen lassen. Eine feuerfeste Form dick mit Schmalz ausstreichen. Eine Schicht Polentabrei einfüllen, darauf eine Lage Käse, wieder Polenta, Käse und zuletzt den Rahm.
Im vorgeheizten Rohr bei 175°C in ca. 30 Minuten goldgelb überbacken.
Inzwischen den Speck klein würfeln und knusprig ausbraten. Die Grieben herausnehmen. In dem Auslaßfett die Zwiebeln anrösten, mit Paprika vermischen. Evtl. übriges Fett abgießen und die Zwiebeln über die Polenta verteilen. Mit den Grieben bestreuen. Hierzu passen kleine, auf dem Rost gebratene Würstchen und grüner Salat.

## Polenta mit Pekmes

BOSNIEN

***1 l Salzwasser zum Kochen***
***400 g Maisgrieß (Kukuruz)***
***Fett für die Form***
***Zwetschgenmus (Pekmes)***
***zum Bestreichen 60 g Butterflöckchen***
***Zucker und Zimt zum Bestreuen***

Das Salzwasser zum Kochen bringen. Unter ständigem Rühren den Maisgrieß einrieseln lassen. Unter weiterem ständigen Rühren ca. 30 Minuten weiterkochen. Eine feuerfeste Form ausfetten. Eine gut fingerdicke Schicht Maisbrei hineinstreichen und dick mit Zwetschgenmus bestreichen. Noch zweimal so verfahren. Die oberste Schicht besteht aus Maisbrei und wird mit Butterflöckchen belegt. Bei 175°C im vorgeheizten Rohr in ca. 25 Minuten goldbraun backen. Mit Zucker und Zimt bestreuen.

## Gebackene Polenta

Kroatien

***1 l Milch zum Kochen***
***100 g flüssige Butter***
***200 g Maisgrieß (Kukuruz)***
***½ TL Salz***
***30 g Mehl***

Die Milch in einem ofenfesten Topf zum Kochen bringen. Inzwischen die halbe Menge der flüssigen Butter mit dem Grieß, Salz und Mehl mischen und langsam in die Milch einrühren. Bei schwacher Hitze unter weiterem ständigen Rühren in ca. 30 Minuten zu einem dicken Brei kochen.
Die restliche Butter über die Polenta gießen und im vorgeheizten Rohr bei 175°C ca. 15 Minuten überbacken. Mit Tomatensalat oder -soße servieren.

## Kukuruzmehl-Schnitte

Banat, Batschka

***½ l Milch***
***30 g Butter***
***Salz***
***20 g Zucker***
***150 g Maismehl (Kukuruzmehl)***
***2 Eier***
***1 Eigelb***
***Semmelbrösel zum Wälzen***
***Schweineschmalz zum Ausbacken***
***Zimt und Zucker zum Bestreuen***

Die Milch mit Butter, Salz und Zucker zum Kochen bringen. Unter ständigem Rühren das Maismehl einrieseln lassen und bei schwacher Hitze in ca. 10 Minuten dick kochen. Die Masse etwas auskühlen lassen, dann die Eier und das Eigelb dazurühren. In eine kalt ausgespülte Kastenform einfüllen und ganz erkalten lassen. Stürzen und in gleichmäßige Scheiben schneiden. Diese in den Bröseln wälzen und im heißen Schmalz von beiden Seiten goldgelb ausbacken. Mit Zucker und Zimt bestreuen. Statt Zimt kann auch etwas Vanillinzucker verwendet werden.

Kukuruzmehlschnitte

## Cicvara

DALMATIEN

***1/2 l dicker, saurer Rahm***
***Salz***
***125 g Maisgrieß oder Grieß***
***2 EL Schmalz oder Butter***

Den Sauerrahm mit Salz zum Kochen bringen. Unter ständigem Rühren den Grieß einrieseln lassen und bei schwacher Hitze dick kochen. Immerfort rühren, da der Rahm sonst leicht anbrennt. Die Speise auf einer vorgewärmten Platte anrichten und mit heißem Schmalz oder Butter übergießen. Mit dicker, kalter Sauermilch servieren.

## »Male«

SIEBENBÜRGEN

***1 EL Butter***
***1 EL Schweineschmalz***
***Salz***
***etwas abgeriebene Schale von unbehandelter Zitrone***
***1 EL Zucker***
***4 Eier, getrennt***
***2 EL süßer Rahm***
***400 ml Milch***
***ca. 200 g Maismehl***
***Fett und Semmelbrösel für das Backblech***
***2–3 EL Zucker zum Bestreuen***

Die Butter und das Schmalz flaumig rühren. Salz, Zitronenschale, Zucker, nach und nach die 4 Eigelb, den Rahm und die Milch einrühren und so viel Maismehl, daß ein noch fließender Teig entsteht (das Maismehl quillt beim Backen aus). Zuletzt das zu steifem Schnee geschlagene Eiweiß unterheben. Den Teig in ein gefettetes, mit Semmelbröseln bestreutes Backblech streichen. Im vorgeheizten Rohr bei 200°C 30 Minuten backen. Den »Male« in große Vierecke schneiden, mit Zucker bestreuen und noch warm zu Tisch geben.

## Puliszka mit Käse

BANAT, UNGARN

***1 l Salzwasser zum Kochen***
***400 g Maisgrieß (Kukuruz)***
***Fett für die Form***
***60 g Butterflöckchen***
***reichlich geriebener Käse zum Bestreuen***

Das Salzwasser zum Kochen bringen. Unter ständigem Rühren den Maisgrieß einrieseln lassen. Unter weiterem ständigen Rühren in ca. 30 Minuten zu einem dicken Brei kochen. Die Hälfte der Masse gut fingerdick in eine feuerfeste, ausgefettete Form streichen. Dick mit Käse bestreuen und die Hälfte der Butterflöckchen daraufsetzen. Mit dem restlichen Kukuruzteig, Butter und einer weiteren Schicht Käse abdecken. Im vorgeheizten Rohr bei 175°C in ca. 25 Minuten goldbraun backen und in der gleichen Form servieren. Hierzu paßt Tomatensalat.

PULISZKA MIT KÄSE, OBEN UND »MALE«, UNTEN

# Palukes I

SIEBENBÜRGEN

Palukes (Polenta) ist eine der einfachsten Landesspeisen Siebenbürgens. Er wird aus Maismehl zubereitet und ist sehr wohlschmeckend; das Mehl sollte möglichst frisch sein. Der Topf, in dem der Palukes gekocht wird, muß hoch sein, damit beim Abrühren des Breies genügend Platz ist.

***GERÜHRTER PALUKES***

***2 l Wasser***

***Salz***

***1 l (im Meßbecher gemessen) Maismehl***

In das kochende Salzwasser in die Mitte des Topfes das Maismehl einlaufen lassen, so daß es sich bergartig aufhäuft. In die Mitte des Maismehlberges mit der Hand oder einem »Palukesstab« eine Vertiefung drücken, so daß das siedende Wasser den »Berg« übersprudelt und auch in die Mitte des Mehlberges dringen kann. Etwa 20–30 Minuten kochen lassen. Dann einen Teil des Wassers in ein anderes Gefäß abgießen und das Mehl mit dem Wasser zu einem glatten, knotenfreien Brei verrühren. Mit dem abgegossenen Wasser nach und nach unter fortwährendem Rühren den Brei wieder verdünnen. Der Palukes soll, wenn er fertig ist, so fest sein, daß ein hineingesteckter Holzlöffel darin aufrecht steht. Nun den Topf mit dem Maisbrei wieder auf die Herdplatte stellen und kochen, bis sich der Brei vom Boden löst, er muß einmal kurz aufpuffen. Den Topf wieder vom Herd nehmen, kräftig schütteln, damit sich der Brei auch vom Rand löst, und auf ein Brettchen (auf das Palukesbrett!) stürzen und aufschneiden. Palukes wird nie mit dem Messer, sondern mit einem Faden, den man unter die Masse legt und hochzieht, geschnitten.

***Varianten***

**Eingestreuter Palukes:** Das Maismehl in das siedende Salzwasser einstreuen, dabei mit der Schneerute (Schneebesen) tüchtig schlagen. Unter fortwährendem Rühren mit dem Palukesstab den Brei gut durchkochen.

**Palukes mit Milch:** Den heißen Palukes bei Tisch in Suppenteller verteilen. Dazu wird in jeden Teller kalte Milch gegossen.

**Palukes mit Käse:** Eine feuerfeste Form gut mit Öl oder Butterschmalz ausstreichen. Den Boden der Form mit einer Schicht Maisbrei und diese mit Öl glattstreichen. Darauf kommt eine Schicht zerbröselter Schafkäse (insgesamt 500 g), wieder eine Schicht Palukes usw., bis alle Zutaten verbraucht sind; die letzte Schicht ist Palukes. Die gefüllte Form ins vorgeheizte Rohr schieben und bei 150°C etwa 30 Minuten leicht überbacken. In der Form servieren. Dazu wird rohes Sauerkraut gereicht.

# Palukes II

SIEBENBÜRGEN

***1 l Salzwasser zum Kochen***

***500 g Maisgrieß (Kukuruz)***

***Butter für die Form***

***100 g flüssiges Schmalz oder Butter***

***100 g Schafkäse***

***2 EL dicker, saurer Rahm***

Das Salzwasser zum Kochen bringen. Unter ständigem Rühren den Maisgrieß einrieseln lassen. Unter weiterem ständigen Rühren ca. 10 Minuten weiterkochen. Ist die Masse dick, mit Hilfe von 2 EL größere Nocken abstechen und die halbe Menge davon in eine feuerfeste, gut ausgebutterte Form setzen. Mit der Hälfte des Schmalzes bzw. der Butter begießen, je die halbe Menge Schafkäse und Rahm darüber verteilen. Mit den restlichen Nocken, Fett, Schafkäse und Rahm abdecken. Im vorgeheizten Rohr bei 175°C in ca. 25 Minuten goldbraun backen. Auch der Käse soll Farbe annehmen.
Zu dieser Fastenspeise aus Siebenbürgen kleingewürfelte Röstkartoffeln und grünen Salat servieren.

# Palukes mit Füllung

Siebenbürgen

***1/2 l Milch***
***1/2 l Wasser***
***1 TL Salz***
***250 g Maisgrieß (Kukuruz)***
***20 g Schweineschmalz***
***20 g frisch geriebener Hartkäse***

***FÜLLUNG***
***1 große Zwiebel***
***60 g durchwachsener, geräucherter Speck***
***250 g frische Champignons oder Steinpilze***
***400 g Rinderleber***
***20 g Schweineschmalz***
***3 TL Mehl***
***reichlich 1/8 l Rotwein***
***Salz***
***1/2 TL weißer, gemahlener Pfeffer***
***1 Prise Rosmarinpulver***

***FÜR DIE FORM***
***Reichlich Schweineschmalz***
***Semmelbrösel zum Ausstreuen***
***25 g frisch geriebener Hartkäse***
***20 g Butterflöckchen***

Milch, Wasser und Salz zum Kochen bringen. Den Maisgrieß unter ständigem Rühren einrieseln lassen. Bei nicht zu starker Hitze – etwa wie Milchgrießbrei – 30 Minuten ziehen lassen. Hin und wieder umrühren, damit er nicht anbrennt. In die noch heiße Masse das Schmalz und den Käse rühren.
Die Zwiebel sehr fein hacken, den Speck in kleine Würfel schneiden, die Pilze putzen und in dünne Scheibchen schneiden.
Die Leber gut abhäuten, von den Röhren befreien und ebenfalls in kleinere, dünne Scheibchen schneiden.
Das Schmalz erhitzen, bis es leicht raucht, Zwiebel und Speck dazugeben und beides unter Rühren goldgelb anrösten.
Die Leber dazugeben, anbraten, bis sie eine weißliche Farbe hat, danach die Pilze untermengen und alles kurz durchdünsten. Mit Mehl bestäuben, gut umrühren und mit Rotwein ablöschen.
Bei schwacher Hitze noch etwa 5 Minuten garen. Zuletzt mit Salz, Pfeffer und Rosmarinpulver abschmecken.

Eine feuerfeste Form gut mit Schmalz ausfetten und mit Semmelbröseln ausstreuen. Die Hälfte der Palukes-Masse gleichmäßig einfüllen und glatt streichen. Die Fülle darübergeben und mit der restlichen Breimasse abdecken. Wenig Semmelbrösel mit dem geriebenen Käse mischen und die Palukes damit bestreuen.
Die Butterflöckchen zerlassen und die Palukes damit übergießen.
Im vorgeheizten Backrohr bei 190–200°C in ca. 45 Minuten hellgelb backen.

# Nockerl, Knödel, Topfennudeln

Die in der gesamten ehemaligen Donaumonarchie bekannten und beliebten Nockerl sind etwas größere Verwandte der Spätzle aus dem Schwabenländle. Der Teig darf nicht zu dünnflüssig sein und muß abgeschlagen werden, bis er sich vom Schüsselrand löst und Blasen wirft. An Eiern soll nicht gespart werden. Nach einer Faustregel sind auf 500 Gramm Mehl 4 Eier zu verwenden.
Der Teig wird nach und nach mit einem Löffel aufgenommen und die Nockerl mit einem zweiten Löffel direkt in die kochende Flüssigkeit abgestochen. Man kann sie auch mit dem Messer von einem Brett, ebenso direkt in das kochende Wasser oder in die Suppe, abschaben.
Nach dem Garziehen und Abseihen werden die Nockerl bevorzugt zu Gulasch, Wildbret und als Suppeneinlage gereicht, aber auch als Hauptmahlzeit weiterverarbeitet und oft mit diversen Soßen serviert.

Obwohl ihr Name keinen edlen Beiklang hat, sind **Knödel** bei sorgfältiger Zubereitung ein Inbegriff lukullischer Freude. Vor allem in Österreich gehören sie zum Bestandteil vieler Hauptmahlzeiten, und schon ihr runder Anblick erhöht die Vorfreude auf den nachfolgenden Genuß. Besonderer Beliebtheit erfreuen sich die süßen Knödel, deren Charme schon die Fürsten Metternich und Talleyrand erlagen.
Gutes Essen erwies sich schon immer als völkerverbindend. Jede Hausfrau ist stolz, wenn sie gelungene Zwetschgen- und Marillenknödel auf den Tisch bringen kann.
Obwohl Knödel äußerlich an Kanonenkugeln erinnern, sind sie nicht hart und fest, sondern zart und locker. Voraussetzung ist, daß man einige Faustregeln beherrscht: Alle Knödel werden gleichmäßig, meist mit feuchten Händen vorgeformt, damit sie später zur gleichen Zeit gar werden.
Nur so viele Knödel in die kochende Flüssigkeit einlegen, daß sie nicht aufeinanderliegen. Lieber einen zweiten Topf benutzen oder die erste Portion im Backrohr warm halten.
Nach dem Einlegen der Knödel soll das Wasser wieder zum Siedepunkt kommen, darf aber während der Garzeit nur simmern.
Die Knödel sollen ihre runde Form behalten, glatt bleiben und nicht aufbrechen. Sinnvoll ist, immer etwas kaltes Wasser bereitzuhalten, um die Gartemperatur schnell absenken zu können.
Bei der Verwendung von Kartoffeln gilt, wie schon an anderer Stelle gesagt: Frühe Sorten und alte Lagerkartoffeln sind nicht geeignet.
Übriggebliebene Knödel sind beliebt in der Resteküche. Heute besteht die Möglichkeit, sie für zwei bis drei Monate haltbar zu machen. Sie werden auf einer Platte einzeln vorgefroren und dann, vorschriftsmäßig verpackt, im Tiefkühlschrank oder in der -truhe deponiert.

Kaum ein Nahrungsmittel kann wie der Quark, im bayerisch-österreichischen Raum **Topfen** genannt, so vielseitig verwendet werden. Er ist ein vorzüglicher Eiweiß-, Mineralstoff- und Vitamin-Lieferant, sollte aber immer einwandfrei, frisch und knötchenfrei sein. Er darf nicht sauer schmecken und schlierig sein, außerdem nicht zuviel Molke enthalten.
Vor Verwendung sollte man ihn in einem Sieb abtropfen lassen oder in einem Tuch auspressen.

## Reisnockerl

UNGARN

***1¹/₄ l Milch***
***40 g Butter***
***Salz***
***250 g Milchreis (Rundkorn)***
***3 Eier***
***50 g Mehl***
***2 l Salzwasser zum Kochen***

Die Milch mit der Butter und etwas Salz zum Kochen bringen. Den gewaschenen Reis dazugeben und bei mäßiger Hitze quellen lassen. Das muß genau beachtet werden, da der Reis sonst anbrennt. Von der Herdstelle ziehen und auskühlen lassen. Nach und nach die Eier dazuschlagen und gut mit dem gesiebten Mehl vermengen. Mit Hilfe von zwei Löffeln nicht zu große Nockerl abstechen und diese in dem leicht gesalzenen, siedenden Wasser garziehen lassen. In ein Sieb abgießen. Mit Vanillesoße, heißen Himbeeren oder süßer Tomatensoße servieren.

KRÄUTERNOCKEN

## Kräuternocken

TIROL

***500 g in der Schale gekochte Kartoffeln***
***150 g eingeweichtes Knödelbrot***
***250 g gedünsteter, gehackter Spinat***
***150 g Mehl***
***3 Eier***
***Salz***
***3 EL Kräuter nach Wahl (Majoran, Dill, Petersilie, Thymian, Estragon, Kerbel, Schnittlauch – nur eine Sorte verwenden)***
***nach Bedarf etwas Milch oder Semmelbrösel***
***2 l Salzwasser zum Kochen***
***150 g Speck***

Die geschälten Kartoffeln durchpressen. Das Knödelbrot gut ausgedrückt zur Kartoffelmasse geben. Zusammen mit dem Spinat, Mehl, den Eiern, Salz und Kräutern untermengen. Zum Auflockern des Teiges evtl. etwas Milch, zum Festigen evtl. Semmelbrösel dazugeben. Gut durcharbeiten.
Mit Hilfe von zwei Löffeln kleinere Nocken abstechen. Diese im siedenden Salzwasser (es darf nicht sprudeln) 10 Minuten garziehen lassen. Den Speck in Würfel schneiden, goldgelb ausbraten und über die abgeseihten, abgetropften Nocken gießen.

## Geflügelleber-Nockerl

Österreich

**750 g mehligkochende Kartoffeln**
**80 g Mehl**
**80 g Kartoffelmehl**
**2 Eier**
**ca. 3 EL Milch**
**60 g feingewürfelter Räucherspeck**
**1 Semmel**
**125 g feingewiegte Geflügelleber**
**Salz, Pfeffer,**
**1 Prise Majoran**
**2 l Salzwasser zum Kochen**
**1 große Zwiebel**
**100 g Schweineschmalz**

Die Kartoffeln in der Schale kochen und ganz auskühlen lassen. Die kalten Kartoffeln pellen und reiben. Mit Mehl, Kartoffelmehl, Eiern und Milch zu einem festen Teig verarbeiten. Den Speck hellgelb ausbraten, die in kleine Würfel geschnittene Semmel darin anrösten. Zusammen mit der Geflügelleber, Salz, Pfeffer und Majoran in den Kartoffelteig einarbeiten. Mit Hilfe von zwei Löffeln nicht zu große Nockerl abstechen und im siedenden Salzwasser (es darf nicht sprudeln) 10 Minuten garziehen lassen. Inzwischen die Zwiebel in feine Streifen schneiden und im Schmalz hellgelb rösten. Die abgeseihten Nockerl damit übergießen und servieren.

## Mehlnockerl mit Backpulver

Böhmen

**100 g handwarme Butter**
**3 Eier**
**Salz**
**$^{1}/_{8}$ l Milch**
**400 g Mehl**
**1 TL Backpulver**
**2 l Salzwasser zum Kochen**
**2 EL Semmelbrösel**

40 g Butter schaumig rühren. Abwechselnd nach und nach die Eier, Salz, Milch und das gesiebte, mit Backpulver vermischte Mehl dazugeben. Den Teig so lange kräftig abschlagen, bis er Blasen wirft. Mit Hilfe von zwei Löffeln nicht zu große Nockerl abstechen und im siedenden Salzwasser, das aber nicht sprudeln darf, 10 Minuten garziehen lassen. Inzwischen die restliche Butter erhitzen, darin die Semmelbrösel leicht anbräunen und die abgeseihten Nockerl damit übergießen. Heiß mit Kompott servieren.

## Römische Grießscheiben

Südosten

**1 l Milch**
**30 g Butter**
**250 g Weizengrieß**
**2 Eier**
**Salz**
**Muskat**
**Fett für die Form**
**50 g geriebener Käse**
**1 gehäufter EL Butterflöckchen**

Die Milch mit der Butter aufkochen lassen. Den Grieß hineinrühren und bei mäßiger Hitze unter ständigem Rühren dick einkochen. Von der Herdstelle ziehen, abkühlen lassen. Einzeln die Eier dazurühren und mit Salz und Muskat abschmecken. Ein mit kaltem Wasser abgespültes Backblech mit der Masse bestreichen und diese ganz erstarren lassen. Mit einem mittelgroßen Krapfenstecher Scheiben ausschneiden. Eine feuerfeste Form gut ausfetten, zuerst die Breireste hineingeben, mit etwas Käse bestreuen, darüber schuppenartig die Grießscheiben verteilen. Mit dem restlichen Käse bestreuen und mit Butterflöckchen belegen. Die Nockerl im vorgeheizten Rohr bei 200°C in ca. 10 Minuten goldbraun überbacken.

Mehlnockerl mit Backpulver (oben) und Römische Griess-scheiben (unten)

# Geschlagene Nockerl mit Ei

BATSCHKA

***1 guter EL Butter oder Schmalz***
***3–4 Eier***
***1 Messerspitze Salz***
***5–6 eischwer Wasser***
***400–500 g Mehl***
***Salzwasser zum Kochen***
***60 g Schweineschmalz***
***3–4 Eier***
***Pfeffer***

Die Butter bzw. das Schmalz schaumig rühren. Die Eier dazuschlagen, mit Salz, Wasser und Mehl zu einem leichten Nockerlteig verarbeiten. Mit dem Kochlöffel so lange abschlagen, bis sich der Teig vom Schüsselrand löst und Blasen wirft. Mit Hilfe von zwei Löffeln kleine Nockerl abstechen und im siedenden Salzwasser, das aber nicht sprudeln darf, 10 Minuten garziehen lassen. Wenn die Nockerl aufsteigen, noch einige Minuten ziehen lassen. Abseihen und zum Abtropfen in ein Sieb schütten. Das Schmalz erhitzen, die Nockerl dazugeben, die Eier dazuschlagen, etwas pfeffern, gut umrühren und bei geschlossenem Deckel stocken lassen.
Mit grünem Salat servieren.

***Variante***
Geschlagene Nockerl mit Käse:
Die im Fett erhitzten Nockerl (statt der Eier) mit 150–200 g geriebenem Schafkäse oder Liptauer und mit 3 EL dickem, saurem Rahm vermischen.

# Dukatennnudeln

WIEN

***20 g Hefe***
***4 EL lauwarme Milch***
***1 TL Zucker***
***40 g Butter***
***5 Eigelb***
***1 Prise Salz***
***4 EL Milch***
***400 g Mehl***
***50 g Rosinen***
***150 g geschälte, gemahlene Mandeln***
***1 TL Puderzucker***
***Butter für die Form und zum Bestreichen***
***Puderzucker zum Bestäuben***
***Konfitüre zum Servieren***

In einer Tasse die Hefe in der gezuckerten Milch auflösen. Die Butter mit den Eigelben in einer Schüssel schaumig rühren. Die aufgelöste Hefe, Salz, die weitere Milch und das Mehl dazugeben. Gut abschlagen, bis sich der Teig vom Schüsselrand löst. Mit einem Tuch abdecken und an einem warmen Ort aufgehen lassen. Inzwischen Rosinen, Mandeln und Puderzucker mischen. Den Hefeteig noch einmal abarbeiten, dann auf dem Nudelbrett gut fingerdick ausdrücken. Mit einem kleinen Pogatscherl- oder Krapfenstecher runde Formen ausstechen und diese reihenweise eng in die gut ausgebutterte Gugelhupfform setzen. Gut mit zerlassener Butter bestreichen und mit der Rosinenmischung bestreuen. So fortfahren, bis die gesamten Zutaten verbraucht und die Form knapp $^3/_4$ voll ist.
Mit Butter bepinseln, 30 Minuten gehen lassen und im vorgeheizten Rohr bei 180°C ca. 45 Minuten backen. Stürzen, mit Puderzucker bestäuben und mit heißer, flüssiggerührter Konfitüre servieren.

## Erdäpfelknödel

Gesamter Südosten

***1 kg am Vortag gekochte Kartoffeln (mehligkochende)***
***2 altbackene Semmeln***
***30 g Schweineschmalz***
***3 Eier***
***1 TL Grieß***
***6 EL zerlassene Butter***
***Salz***
***Salzwasser zum Kochen***

Die Kartoffeln pellen und durchpressen. Die Semmeln in Würfel schneiden und im heißen Schmalz rösten. Mit der Kartoffelmasse, den Eiern, Grieß, der Butter und Salz zusammenmischen. Aus dem Teig längliche, größere Knödel formen. In siedendes Salzwasser einlegen und in ca. 15 Minuten garziehen lassen. Das Wasser darf nicht sprudeln, da die Knödel sonst leicht zerfallen. Mit einem Schaumlöffel herausheben, auf eine vorgewärmte Platte legen, in Scheiben schneiden und zu Braten reichen.

***Hinweis***
Reste können in Butter angebraten und mit einem verquirlten Ei übergossen werden. Mit Salat oder Kompott sind sie eine leichte Mahlzeit.

## Grießknödel I

Österreich

***100 g Butter***
***2 Eigelb***
***2 Eier***
***Salz***
***180 g Grieß***
***1 EL kaltes Wasser***
***Salzwasser zum Kochen***
***braune Butter zum Begießen***
***geriebener Käse zum Bestreuen***

Die Butter schaumig rühren. Einzeln die Eigelbe, die ganzen Eier, Salz, Grieß und das Wasser dazugeben. Den Teig zugedeckt ca. 2 Stunden quellen lassen. Knödel formen, in siedendes Salzwasser einlegen und ca. 30 Minuten garziehen lassen. Das Wasser darf nicht sprudeln, da die Knödel sonst zerfallen. Mit einem Schaumlöffel herausheben und auf einer vorgewärmten Platte anrichten. Mit Butter begießen und mit Käse bestreuen.

## Grießknödel II

Österreich

***1 l leichtes Salzwasser zum Kochen***
***500 g Grieß***
***1 gehäufter EL Butter***
***2 Eier, getrennt***
***Salz***
***3 EL Mehl***
***Salzwasser zum Kochen***
***reichlich in Fett geröstete Semmelbrösel***
***dicker, saurer Rahm zum Begießen***

Das Salzwasser zum Kochen bringen. Den Grieß unter Rühren einstreuen und zu einem dicken Brei kochen. Auskühlen lassen. Die Butter, Eigelbe, Salz und Mehl untermengen. Zuletzt den steifgeschlagenen Eischnee unterheben. Auf dem Nudelbrett kleinere Knödel (ähnlich wie Zwetschgenknödel) formen, in siedendes Salzwasser einlegen und ca. 20 Minuten garziehen lassen. Mit einem Schaumlöffel herausnehmen und auf eine vorgewärmte Platte legen. Mit den Semmelbröseln bestreuen und mit Sauerrahm begießen.

## Grießknödel in der Serviette

WIEN

***2 altbackene Semmeln***
***75 g Butter***
***3/4 l Milch***
***300 g Grieß***
***2 Eier***
***Salz***
***Muskat***
***2 l Salzwasser zum Kochen***

Die Semmeln würfeln und in 50 g Butter goldgelb rösten. Die Milch mit der restlichen Butter aufkochen, den Grieß schnell hineinrühren. 3 Minuten unter weiterem ständigem Rühren kochen lassen. Von der Herdstelle ziehen, erkalten lassen. Nacheinander die Eier und die gerösteten Semmelwürfel dazugeben, mit Salz und Muskat abschmecken. Die Hände bemehlen und aus dem Teig eine Rolle formen. Diese in eine feuchte Serviette einbinden und, über einen Kochlöffel gebunden, in das siedende Salzwasser, es soll nicht sprudeln, hängen. Der Topf wird mit einer passenden Schüssel, einem Deckel oder anderen Topf abgedeckt. Nach ca. 45 Minuten den Grießknödel herausnehmen und abtropfen lassen. Aus der Serviette nehmen, in Scheiben schneiden und mit Kompott servieren.

SERVIETTENKNÖDEL GAREN

## Germknödel mit Zwetschgenmus

BÖHMEN

***750 g Mehl***
***1/4 l lauwarme Milch***
***20 g Germ (Hefe)***
***50 g Zucker***
***50 g flüssige Butter***
***1 Prise Salz***
***1 Eigelb***
***Zwetschgenmus zum Füllen***
***heiße Milch für die Kasserolle***
***feingemahlener Mohn und Puderzucker zum Bestreuen***
***heiße Butter zum Bespritzen***

Das Mehl in eine Schüssel sieben und in die Mitte eine Vertiefung drücken. Von der Milch 3–4 EL abnehmen, in einer Tasse die Hefe mit 2 TL Zucker darin auflösen und in die Mehlmulde schütten. Mit etwas Mehl bestreuen und die Schüssel mit einem Tuch abdecken. Das Dampferl an einem warmen Ort aufgehen lassen, es soll ca. das doppelte Volumen erreichen. Die restliche Milch, den restlichen Zucker, Butter, Salz und Eigelb zugeben und gut abschlagen, bis sich der Teig vom Schüsselrand löst. Erneut zugedeckt aufgehen lassen, bis der Teig wieder etwa das doppelte Volumen erreicht hat. Noch einmal durchkneten, auf ein bemehltes Brett stürzen und dick auswalken. In gleichmäßig große Stücke schneiden, je zwei mit Zwetschgenmus zusammensetzen und zu Knödeln formen. Nochmals zugedeckt aufgehen lassen. Eine Kasserolle ca. 1 cm hoch mit heißer Milch füllen, die Knödel locker hineinsetzen, abdecken und im vorgeheizten Rohr bei 200°C ca. 35 Minuten backen. Mit gezuckertem Mohn bestreuen und mit der heißen Butter bespritzen.
Die Knödel können auch in siedendem Salzwasser gegart werden. Sie müssen dann aber sofort serviert werden.

***Variante***
**Zwetschgenknödel:** Statt mit Zwetschgenmus die Knödel mit 1 entsteinten Zwetschge zusammensetzen.

GERMKNÖDEL MIT ZWETSCHGENMUS

## Germknödel

SCHLESIEN

***375 g Mehl***
***1/8 l lauwarme Milch***
***20 g Germ (Hefe)***
***1 TL Zucker***
***1 Ei***
***Salz***
***Muskat***
***50 g Margarine oder Butter***
***Zucker zum Bestreuen***

Mehl, Milch, Hefe und Zucker miteinander verrühren, diesen Vorteig an einem warmen Ort zugedeckt aufgehen lassen. Ei, Salz, Muskat und Margarine bzw. Butter zufügen und kräftig abschlagen, bis der Teig Blasen wirft und sich vom Schüsselrand löst. Noch einmal für 1 Stunde an einem warmen Ort aufgehen lassen. Den Teig auf ein bemehltes Brett stürzen, tennisballgroße Knödel daraus formen und wieder zugedeckt aufgehen lassen. Einen entsprechend großen Topf zu einem Viertel mit Wasser füllen, kurz aufkochen lassen, die Knödel hineinsetzen und in knapp 1/4 Stunde garziehen lassen. Herausheben, auf eine vorgewärmte Platte legen und leicht mit Zucker bestreuen. Mit Kompott servieren.

## Serviettenknödel aus Germteig

WIEN

***500 g Mehl***
***20 g Germ (Hefe)***
***50 g Zucker***
***etwas lauwarme Milch***
***50 g flüssige Butter***
***3 Eier***
***1/2 TL Salz***
***Butter zum Bestreichen***
***braune Butter zum Begießen***
***3 EL Semmelbrösel in Butter geröstet und etwas Zimt-Zucker zum Bestreuen***

***FÜLLUNG***
***50 g Semmelbrösel***
***100 g Butter***
***150 g Zucker***
***50 g Rosinen***
***100 g geschälte, gemahlene Mandeln***
***etwas Zimt***

Das Mehl in eine Schüssel sieben, in die Mitte eine Vertiefung drükken. In einer Tasse die Hefe mit 2 TL Zucker in der lauwarmen Milch auflösen und in die Mehlmulde schütten. Mit etwas Mehl bestreuen, die Schüssel mit einem Tuch abdecken und das Dampferl an einem warmen Ort aufgehen lassen.

Den restlichen Zucker, Butter, Eier und Salz zugeben und gut abschlagen, bis sich der Teig vom Schüsselrand löst. Er soll eher fest als zu weich sein. Erneut zugedeckt aufgehen lassen, bis der Teig etwa das doppelte Volumen erreicht hat.
Inzwischen für die Füllung die Semmelbrösel in Butter hell anrösten, mit Zucker, Rosinen, Mandeln und Zimt vermischen, dann auskühlen lassen.
Den Teig noch einmal durchkneten und auf einem bemehlten Brett ca. 50 x 50 cm groß auswalken. Die Füllung gleichmäßig darauf verteilen, dann den Teig zusammenrollen und immer wieder mit Butter bestreichen, damit er in den Windungen nicht zusammenklebt.
Die Teigrolle lose in eine bemehlte Serviette einbinden. In einem breiten Topf Wasser zum Kochen bringen, die zugebundene Serviette an zwei Kochlöffeln hineinhängen und den Knödel ca. 60 Minuten garziehen lassen. Zum Abtropfen auf ein großes Sieb legen.
Die Serviette lösen und den Knödel auf eine vorgewärmte Platte stürzen. Mit brauner Butter begießen und mit Semmelbröseln und Zimt-Zucker bestreuen.
Mit einem scharfen Sägemesser in schöne Scheiben schneiden.

# Speckknödel

Wien

***120 g fetter Räucherspeck***
***2 altbackene Semmeln***
***3 Eier***
***2 EL lauwarme Milch***
***Salz***
***2 EL Grieß***
***100 g mehligkochende, gekochte und durchgepreßte Kartoffeln***
***Salzwasser zum Kochen***
***geröstete Semmelbrösel***

Den Speck und die Semmeln in Würfel schneiden. Den Speck glasig auslassen, und darin die Semmelwürfel hellbraun mitrösten. Auskühlen lassen, in eine Schüssel geben. Die Eier hineinschlagen, Milch, Salz, Grieß und die Kartoffeln dazurühren. Mit bemehlten Händen Knödel formen und in siedendes Salzwasser einlegen. Wenn sie aufgestiegen sind, noch ca. 15 Minuten ziehen lassen. Mit einem Sieb herausheben und kurz abtropfen lassen. In einer vorgewärmten Schüssel anrichten und mit gerösteten Semmelbröseln betreuen. Mit Essigzwetschgen servieren.

# Tiroler Speckknödel I

Südtirol

***125 g durchwachsener Räucherspeck***
***8 altbackene Semmeln***
***125 g gekochtes, mageres Rauchfleisch***
***3 Eier, getrennt***
***50 g Mehl***
***1 Prise Muskat***
***Salz***
***6 EL Milch***
***1 Prise Pfeffer***
***Semmelbrösel bei Bedarf***
***Salzwasser zum Kochen***

Den Speck in kleine Würfel schneiden und gut ausbraten. Die Grieben herausnehmen. Die Semmeln klein würfeln und in dem Auslaßfett hellgelb anrösten. Die Grieben wieder dazugeben und auskühlen lassen. Mit dem feingeschnittenen Rauchfleisch, den Eigelben, Mehl, Muskat, Salz, Milch und Pfeffer gut vermengen. Zuletzt den steifgeschlagenen Eischnee unterheben. Evtl. mit Semmelbröseln etwas binden. Den Teig 15 Minuten ruhen lassen, dann mit bemehlten Händen Knödel formen und in siedendes Salzwasser einlegen. Wenn sie aufgestiegen sind, noch ca. 15 Minuten garziehen lassen. Mit dem Schaumlöffel herausheben und in einer vorgewärmten Schüssel anrichten. Sauerkraut dazu servieren.

# Tiroler Speckknödel II

Südtirol

***10 altbackene Semmeln***
***50 g Butter***
***1 mittelgroße Zwiebel***
***200 g Mehl***
***$^3/_8$ l Milch***
***2 Eier***
***1 EL gehackte Petersilie***
***200 g gekochter, durchwachsener Räucherspeck***
***2 l Salzwasser zum Kochen***

Die Semmeln in feine Würfel schneiden. Die Butter erhitzen und die feingeschnittene Zwiebel darin anschwitzen. Die Semmelwürfel dazugeben und gut anrösten. Dabei öfter umrühren, damit sich alles gleichmäßig verteilt. Inzwischen aus dem Mehl, Milch, Eiern, Salz und Petersilie einen weichen Teig zubereiten. Die Semmelwürfel und den feingewürfelten Speck dazugeben und gut verkneten. Mit befeuchteten Händen tennisballgroße Knödel formen, in siedendes, nicht sprudelndes Salzwasser einlegen und 15 Minuten garziehen lassen. Mit einem Schaumlöffel herausheben. Servieren als Einlage in Fleischsuppe oder zu Sauerkraut und Rippen.

## Knödel mit Speck und Birnensoße

Böhmen

***BIRNENSOSSE***
***250 g getrocknete Birnenschnitze, eingeweicht***
***75 g Zucker, 1 Stange Zimt***
***10 g Speisestärke***

***250 g Kartoffelknödelmehl***
***3 EL geröstete Semmelwürfel***
***1 EL gehackter Schnittlauch***
***2 l Salzwasser zum Kochen***
***100 g Butter***
***2 EL Semmelbrösel***
***250 g gekochter, durchwachsener Räucherspeck***

Die Birnenschnitze mit Zucker und Zimtstange in dem Einweichwasser weich kochen. Die Speisestärke mit 1 EL kaltem Wasser anrühren. Die Zimtstange herausfischen, die Birnen mit der Speisestärke binden. Das Knödelmehl nach Vorschrift anrühren und quellen lassen. Gleichmäßige Knödel formen, dabei in die Mitte geröstete Semmelwürfel und Schnittlauch geben. Die Knödel in siedendem Salzwasser 10 Minuten garziehen lassen. Die Butter erhitzen, die Semmelbrösel darin anrösten und über die abgeseihten Knödel gießen. Den Speck in Scheiben schneiden und mit der Birnensoße zu den Knödeln servieren.

## Schinkenknödel

Batschka

***5 altbackene Semmeln***
***1/4 l heiße Milch***
***1 TL Butter***
***2 feingehackte Zwiebeln***
***250 g gekochter, feingehackter Schinken***
***3 Eier, Pfeffer***
***1 TL feingehackte Petersilie***
***Salz***
***Salzwasser zum Kochen***
***heiße Butter zum Begießen***
***geriebener Käse zum Bestreuen***

Die Semmeln in dünne Scheiben schneiden, mit der Milch übergießen und 10 Minuten ziehen lassen. Die Butter erhitzen und die Zwiebeln darin anbraten. Den Schinken dazugeben und kurz mitbraten. In die Semmelmasse Eier, Pfeffer, Petersilie, Salz und die inzwischen etwas ausgekühlte Schinkenmasse rühren. Erscheint der Teig etwas zu weich, gibt man noch 1 EL Mehl dazu. Mit Hilfe von zwei in heißes Wasser getauchten Eßlöffeln längliche Knödel formen, in siedendes Salzwasser einlegen und ca. 10 Minuten garziehen lassen. Die Schinkenknödel mit einem Schaumlöffel aus dem Wasser heben und in einer vorgewärmten Schüssel anrichten. Mit heißer Butter begießen und mit Reibkäse bestreuen.

## Marienbader Früchteknödel

Mähren

***80 g Butter***
***3 Eigelb***
***1 Ei***
***1 kg am Vortag in der Schale gekochte Kartoffeln (mehligkochende)***
***Salz***
***1 TL Backpulver***
***ca. 250 g Mehl***
***500 g Zwetschgen, Marillen oder Kirschen***
***2 l Salzwasser zum Kochen***
***100 g Butter***
***100 g Semmelbrösel***
***Zimtzucker oder Puderzucker nach Belieben***

Die Butter schaumig rühren. Nach und nach die Eigelbe und das ganze Ei dazurühren, anschließend die gepellten, durchgepreßten Kartoffeln sowie das gesiebte und mit Backpulver gemischte Mehl. Den Teig auf einem Brett gut abarbeiten. Nach Bedarf noch etwas Mehl zugeben, er soll aber nicht zu fest sein. Auf dem gut bemehlten Brett 1 cm dick auswalken und in etwa 5 x 5 cm große Quadrate schneiden. Jeweils in die Mitte eine entsteinte Frucht legen und mit bemehlten Händen aus jedem Quadrat runde Knödel formen. Auf dem sorgfältig bemehlten Brett 1/2 Stunde ruhen lassen. In siedendes Salzwasser, das nicht sprudeln darf, einlegen und 8 Minuten garziehen lassen. Die Knödel müssen alle aufsteigen. Inzwischen die 100 g Butter erhitzen und die Semmelbrösel darin leicht anbräunen. Die Knödel mit einem Sieb aus dem Wasser heben und in einer vorgewärmten, tieferen Schüssel anrichten. Mit den Bröseln begießen. Nach Belieben mit Zimtzucker bestreuen oder mit Puderzucker bestäuben.

Marienbader Früchteknödel

# Apfelknödel

UNGARN

***500 g säuerliche, feste Äpfel***
***50 g gemahlene Mandeln***
***abgeriebene Schale von ½ unbehandelten Zitrone***
***2 Eigelb***
***1 Ei***
***100 g Zucker***
***1 Prise Salz***
***12 EL Milch***
***50 g zerlassene Butter***
***50 g Semmelbrösel***
***2 l leicht gezuckertes und gesalzenes Wasser zum Kochen***
***Zucker zum Bestreuen***

Die Äpfel in kleine Würfel schneiden, Schalen und Kerngehäuse entfernen. Zusammen mit allen anderen Zutaten in einer Schüssel gut vermengen. Aus der Masse schöne, runde Knödel formen, evtl. noch etwas Semmelbrösel dazugeben. In siedendes Wasser, das nicht sprudeln darf, einlegen und 10 Minuten garziehen lassen. Die Knödel mit einem Schaumlöffel aus dem Wasser heben und auf einer vorgewärmten Platte anrichten. Mit heißem Weinschaum servieren.

# Besondere Zwetschgenknödel

BUDAPEST, JÜDISCH, SIEBENBÜRGEN

***4 Eier***
***8 in der Schale gekochte Kartoffeln (mehligkochende)***
***1 EL Gänseschmalz oder 1½ EL Butter***
***1 Prise Salz***
***300 g Mehl***
***600 g Zwetschgen***
***2 l Salzwasser zum Kochen***
***50 g Gänseschmalz oder Butter***
***50 g Semmelbrösel***
***Puderzucker zum Bestäuben***

Die Eier in einer Schüssel aufschlagen. Die kalten, gepellten und durchgepreßten Kartoffeln dazugeben, ebenso Schmalz oder Butter, Salz und Mehl.
Den Teig mit dem Kochlöffel gut abschlagen, er soll geschmeidig sein. Mit bemehlten Händen gleichmäßige Knödel formen und in jeden in die Mitte 1 entsteinte Zwetschge drücken. In siedendes Wasser einlegen und 10 Minuten garziehen lassen.
Inzwischen Schmalz bzw. Butter erhitzen und die Semmelbrösel darin goldgelb rösten. Die Knödel mit einem Schaumlöffel aus dem Wasser heben und auf einer vorgewärmten Platte anrichten. Mit den Bröseln bestreuen und mit Puderzucker bestäuben.

# Zwetschgenknödel

ÖSTERREICH, UNGARN, BANAT, BATSCHKA, KROATIEN

***1 kg in der Schale gekochte Kartoffeln (mehligkochende)***
***1 Prise Salz***
***3 Eigelb***
***Mehl nach Bedarf***
***ca. 750 g gleichmäßig große, entsteinte Zwetschgen***
***Salzwasser zum Kochen***
***150 g Butter***
***ca. 100 g Semmelbrösel***
***dicker, saurer Rahm***
***Zucker zum Bestreuen***

Die Kartoffeln pellen, durchpressen. Mit Salz, den Eigelben und Mehl zu einem nicht zu festen Teig zusammenkneten. Auf einem Brett auswalken, dabei die Unterseite immer wieder bemehlen.
In 5 x 5 cm große Quadrate schneiden, in die Mitte jeweils 1 Zwetschge legen. Aus jedem Quadrat einen Knödel formen, dabei die Ränder gut schließen. In siedendes Salzwasser einlegen und ca. 10 Minuten garziehen lassen. Inzwischen die Butter erhitzen und die Semmelbrösel darin goldbraun rösten. Die Knödel mit einem Schaumlöffel aus dem Wasser heben, abtropfen lassen und auf eine vorgewärmte Platte legen. Die Brösel darüberstreuen. Evtl. mit saurem Rahm übergießen und mit Zucker bestreuen.

> ***Variante***
> **Marillenknödel:** Statt der Zwetschgen die Knödel mit Aprikosen füllen. Ca. 800 g nicht zu große Aprikosen (= Marillen) mit kochendem Wasser überbrühen, häuten und entsteinen. In jede Aprikose 1 Stück Würfelzucker geben, auf die Teigquadrate legen und fortfahren wie oben.

## Topfenknödel

WIEN

***500 g trockener Topfen (Quark)***
***4 Eier***
***100–120 g Semmelbrösel***
***Salz***
***100 g Butter***
***Zucker zum Bestreuen***
***evtl. braune Butter***

Den Quark mit den Eiern, Semmelbröseln und Salz gut zu einem geschmeidigen Teig vermengen. Die Butter in einem schweren Topf zerlassen. Mit Hilfe von zwei Eßlöffeln vom Teig große, längliche Knödel abstechen und schön nebeneinander in das Fett setzen. Zudecken und bei ganz geringer Hitze ca. 1 Stunde backen. Auf dem Elektroherd genügen maximal 70–80°C, da die Knödel sonst zu braun werden. Nur mit Zucker oder mit Zucker, vermischt mit brauner Butter, servieren.

## Ungarische Topfenknödel

BUDAPEST

***600 g trockener Topfen (Quark)***
***5 Eier, getrennt***
***etwas Salz***
***3 EL Mehl***
***80 g Semmelbrösel***
***Salzwasser zum Kochen***
***Rahm und in Butter geröstete Semmelbrösel nach Belieben***

Den Topfen mit den Eigelben, Salz und Mehl glattrühren. Die Semmelbrösel dazurühren, zuletzt den steifgeschlagenen Eischnee unterheben. Mit bemehlten Händen kleine Knödel formen. In siedendes Salzwasser einlegen und bei geringer Hitze ca. 15 Minuten garziehen lassen. Die Knödelchen mit dem Seiher herausheben und auf einer vorgewärmten Platte anrichten. Mit Rahm begießen und mit den Bröseln bestreuen. Statt der Brösel kann auch feingehackter Schinken verwendet werden. Hierzu paßt Feldsalat.

UNGARISCHE TOPFENKNÖDEL

## Topfenknödel mit Rahm

Wien

***1 Ei, getrennt***
***1 eischwer Schmer (Flomen), fein geschabter oder gutes Schmalz***
***500 g trockener Topfen (Quark)***
***4 EL Mehl***
***Salz***
***ca. 100 g Semmelbrösel***
***Salzwasser zum Kochen***
***in Butter geröstete Semmelbrösel und süßer Rahm nach Belieben***

Das Eigelb mit Schmer bzw. Schmalz gut verrühren. Topfen und Mehl hinzufügen, salzen und glattrühren. Den steifgeschlagenen Eischnee und so viel Semmelbrösel unterheben, daß man aus dem Teig Knödel formen kann. In siedendes Salzwasser einlegen und bei geringer Hitze 5–10 Minuten garziehen lassen. Mit einem Schaumlöffel herausheben und auf einer vorgewärmten Platte anrichten. Mit den gerösteten Bröseln bestreuen und mit Rahm übergießen.

## Süße Topfenknödel

Wien

***60 g Butter***
***70 g Zucker***
***3 Eier***
***500 g trockener Topfen (Quark) oder Schichtkäse***
***150 g Grieß***
***1/2 Päckchen Backpulver***
***50 g Semmelbrösel***
***100 g Rosinen***
***etwas Salz***
***abgeriebene Schale von 1/2 unbehandelten Zitrone***
***Salzwasser zum Kochen***
***braune Butter***

Die Butter schaumig rühren. Mit Zucker, Eiern und Topfen vermengen. Den Grieß, mit Backpulver vermengt, die Semmelbrösel, Rosinen, Salz und Zitronenschale dazugeben und zu einem Teig verarbeiten. Sollte er zu feucht sein, mit etwas Semmelbröseln binden. Mit feuchten Händen kleine Knödel formen. In siedendes Salzwasser einlegen und bei geringer Hitze 10 Minuten garziehen lassen. Die Knödel mit einem Schaumlöffel herausheben und in einer vorgewärmten Schüssel anrichten. Mit brauner Butter begießen. Pfirsichkompott dazu servieren.

## Topfenknödel aus der Kaiserzeit

Wien

***2 gehäufte EL Butter***
***500 g trockener Topfen (Quark)***
***4 Eier***
***etwas Salz***
***1 EL Zucker***
***1 Päckchen Vanillinzucker***
***2 EL Semmelbrösel***
***100 g Grieß***
***Salzwasser zum Kochen***
***Butter zum Übergießen***

Die handwarme Butter schaumig rühren. Den Quark dazurühren, dann einzeln die Eier, anschließend Salz, Zucker mit Vanillinzucker, Semmelbrösel und Grieß. Die gut vermengte Masse ca. 30 Minuten quellen lassen. Aus dem Teig mit bemehlten Händen nicht zu große Knödel formen. In siedendes Salzwasser einlegen und bei geringer Hitze ca. 15 Minuten garziehen lassen. Mit einem Seiher herausheben und auf einer vorgewärmten Platte anrichten. Mit der braunen Butter übergießen. Dazu paßt Fruchtsoße aus Erdbeeren oder Himbeeren oder Orangensirup mit zerdrückten Bananen, evtl. auch Kompott.

## Topfennudeln aus Mühlhausen

ELSASS

***560 g trockener Topfen (Quark)***
***3 Eier***
***etwas Salz***
***500 g Mehl***
***evtl. 1 gestrichener EL feine Semmelbrösel***
***Fett zum Ausbacken***

Aus dem Topfen, den Eiern, Salz und Mehl einen glatten Teig zubereiten. Evtl. mit etwas Semmelbröseln binden. Daumendicke, fingerlange Nudeln formen und in heißem Fett von beiden Seiten gelb ausbacken.

GEBACKENE TOPFENNUDELN

## Gebackene Topfennudeln

BATSCHKA

***1 kg trockener Topfen (Quark)***
***1 EL Butter***
***2 Eier***
***2 EL dicker, saurer Rahm***
***Salz***
***100 g Mehl***
***2 EL Semmelbrösel***
***Schmalz zum Ausbacken***

Aus den angegebenen Zutaten einen nicht zu festen Teig zubereiten und gut durcharbeiten. Evtl. mit den Semmelbröseln binden. Fingerlange Nudeln formen und in reichlich heißem Schmalz hellgelb ausbacken.

## Gekochte Topfennudeln mit Hefe

Banat

***560 g trockener Topfen (Quark)***
***1/4 l lauwarme Milch***
***30 g Hefe***
***1 Prise Zucker***
***560 g Mehl***
***3 Eier***
***Salz***
***Salzwasser zum Kochen***
***Schmalz zum Anbraten***

Den Topfen in eine Schüssel geben. Von der Milch 3–4 EL abnehmen und darin in einer Tasse die Hefe mit dem Zucker auflösen. Zusammen mit der restlichen Milch, dem Mehl, den Eiern und dem Salz zum Topfen geben und alles zu einem starken Teig verarbeiten. Die Schüssel mit einem Tuch abdecken und den Teig aufgehen lassen, er soll etwa das Doppelte seines Volumens bekommen. Aus dem Teig auf einem bemehlten Brett fingerlange, daumendicke Nudeln formen und nochmal mit einem Tuch bedeckt aufgehen lassen. Die Nudeln in siedendes Salzwasser einlegen und 10 Minuten garziehen lassen. Mit einem Sieb herausheben und gut abtropfen lassen. Auf der unteren Seite im heißen Schmalz anbraten und sofort servieren.

***Variante***
Gebackene Topfennudeln mit Hefe: Die geformten und aufgegangenen Nudeln nicht ins Salzwasser geben, sondern »roh« in reichlich Schmalz rundum goldgelb ausbacken.

## Topfenwürstchen

Sudeten

***ca. 300 g Mehl***
***250 g trockener Topfen (Quark)***
***20 g Hefe***
***1 Prise Zucker***
***1/8–1/4 l lauwarme Milch***
***1 Ei***
***1 Eigelb***
***1 Prise Salz***
***3 EL dicker, saurer Rahm***
***etwas abgeriebene Schale von unbehandelter Zitrone***
***50 g Rosinen***
***Fett zum Ausbacken***
***Puderzucker zum Bestäuben***

Das Mehl in eine Schüssel geben und in die Mitte eine Vertiefung drücken. Von der Milch 3–4 EL abnehmen und darin in einer Tasse die Hefe mit dem Zucker auflösen, anschließend in die Mehlmulde schütten. Mit etwas Mehl bestreuen, die Schüssel mit einem Tuch abdecken und das Dampferl an einem warmen Ort aufgehen lassen. Es soll das Doppelte seines Volumens erreichen. Anschließend die restliche Milch, Ei und Eigelb, Salz, Sauerrahm, Zitronenschale und Rosinen dazugeben und alles zusammen so lange abschlagen, bis sich der Teig vom Schüsselrand löst. Erneut zugedeckt aufgehen lassen. Den Teig noch einmal durchkneten und auf einem bemehlten Brett dick auswalken. Fingerdicke Nudeln ähnlich wie Schupfnudeln formen. Wieder mit einem Tuch bedeckt aufgehen lassen, anschließend im heißen Fett ausbacken. Mit Puderzucker bestäubt servieren.

## Topfenpogatscherl

Österreich

***250 g trockener Topfen (Quark)***
***250 g handwarme Butter***
***250 g Mehl***
***1 Ei***
***1 Prise Salz***
***etwas Milch***
***1 Eigelb***
***1 EL dicker, saurer Rahm***
***Fett für das Backblech***

Den Topfen mit der Butter, Mehl, dem Ei, Salz und Milch gut miteinander verarbeiten. Auf einem bemehlten Brett daumendick auswalken und mit einem Messer an der Oberfläche kleinwürfelig einritzen. Das Eigelb mit dem Sauerrahm verrühren und die Teig-

TOPFENPOGATSCHERL

oberfläche damit bestreichen. Mit einem Krapfenstecher ausstechen, dabei den Ausstecher immer wieder in Mehl tauchen. 1 Stunde ruhen lassen. Die Pogatscherl auf ein gefettetes Backblech setzen und im vorgeheizten Rohr bei 180°C in ca. 30 Minuten goldgelb backen.

## Steirer Nudeln

ÖSTERREICH

***300 g Mehl***
***5 Eigelb***
***1 Prise Salz***
***300 g trockener Topfen (Quark)***
***Salzwasser zum Kochen***
***Butter und Semmelbrösel für die Form***
***100 g zerlassene Butter***
***4 EL Puderzucker***
***6 EL dicker, saurer Rahm***
***Zucker und etwas Vanillinzucker zum Bestreuen***

Das Mehl auf ein Nudelbrett sieben und in die Mitte eine Vertiefung drücken. 2 Eigelbe mit dem Salz verrühren und 5 Minuten stehen lassen. Anschließend in die Vertiefung gießen und nach und nach zusammen mit dem Topfen in das Mehl einarbeiten. Nun mit beiden Händen in ca. 15 Minuten zu einem glatten Teig arbeiten. Evtl. noch etwas Mehl oder Wasser dazugeben. Den Teig in 4 gleichgroße Laibe teilen, diese einzeln rund formen und 30 Minuten unter einem Topf ruhen lassen. Aus den Laiben auf einem bemehlten Brett ca. 2mm dicke »Flecke« auswalken und in fingerbreite, ca. 6 cm lange Nudeln schneiden. Mit den Händen etwas auflockern und 30 Minuten ruhen lassen. In siedendem Salzwasser, es darf nicht sprudeln, ca. 7 Minuten kochen. Abseihen und abtropfen lassen. Eine feuerfeste Form buttern und mit Semmelbröseln ausstreuen. Die zerlassene Butter in der Form verteilen und die Nudeln vorsichtig einschichten. Die restlichen 3 Eigelbe mit Puderzucker und saurem Rahm verrühren und über die Nudeln gießen.
Im vorgeheizten Rohr bei 175°C ca. 25 Minuten überbacken. Mit dem Zucker bestreut servieren.

## Topfen-Polsterzipfel

BANAT

***150 g trockener Topfen (Quark)***
***150 g Mehl***
***100 g weiche Butter***
***1 TL Zucker***
***etwas Konfitüre oder eingeweckte Kirschen***
***Ei zum Bestreichen***
***Fett für das Backblech***

Den Topfen mit dem Mehl, der Butter und dem Zucker gut zusammenkneten. Den Teig auf einem bemehlten Brett auswalken und in gleichmäßige Quadrate schneiden. In die Mitte jedes Quadrats etwas Konfitüre oder Kirschen geben, diagonal zusammenlegen und die Ränder etwas andrücken. Mit verquirltem Ei bestreichen und auf ein gefettetes Backblech setzen.
Im vorgeheizten Rohr bei 180°C in ca. 30 Minuten goldgelb backen.

MEHL

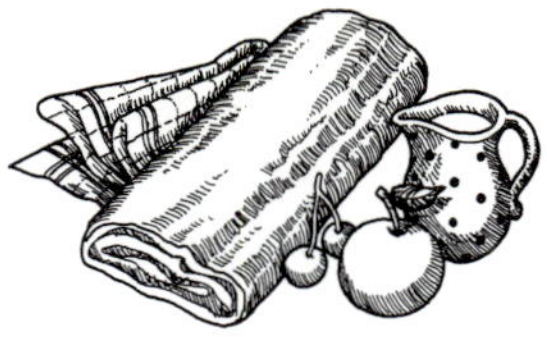

# Strudel

Der Strudel kam vermutlich aus dem Orient. Wir haben ihn angenommen und bringen ihn, je nach Geschmack und Gelegenheit, entweder süß oder salzig und heiß auf den Tisch. Für die gesamte ehemalige Donaumonarchie galt es als Sakrileg, Strudel kalt mit Sahne und Kaffee zu servieren. Er war in unserer alten Heimat und ist auch heute ein Hauptgericht, vor dem man oft eine nicht allzu üppige Suppe reicht. Heiß und frisch serviert, ist der Strudel auch ein beliebter Abschluß eines geselligen Freundschaftstreffens.
Die Zubereitung erfordert Geduld und etwas Geschick.
Der Teig soll elastisch, aber nicht klebrig weich sein. Mütter und Großmütter haben die Herstellung des Teiges, das hauchdünne Ausziehen auf einem bemehlten Brett oder Tischtuch, sowie die weitere Verwendung über Generationen hinweg an die Töchter der Familie weitergegeben.
Wichtig ist, daß der Teig nach dem Ausziehen so dünn sein soll, daß man darunter die Maserung des Holzbrettes erkennen und sogar die Zeitung lesen kann. Bevor ein Mädchen in Ungarn das nicht richtig gelernt hatte, durfte es der Überlieferung nach nicht heiraten.
Heute kann man in Delikateßgeschäften, im Südosten auf jedem Markt, guten, fertigen, im Verhältnis aber teuren Strudelteig kaufen. Jeder Österreicher, Ungar und Südostdeutsche wird aber dem selbstgemachten Teig den Vorzug geben!
Strudelteig kann übrigens nach der Zubereitung eingefroren und nach dem Auftauen wie frischer Teig verwendet werden.

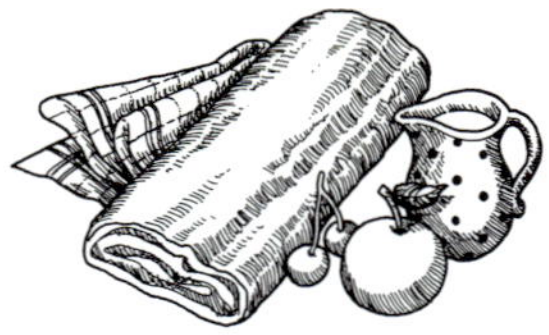

GRUNDREZEPT

## Strudelteig

| | |
|---|---|
| ***DONAUSCHWÄBISCH*** | |
| ***350 g Mehl*** | |
| ***1 Ei*** | |
| ***1 Prise Salz*** | |
| ***1/8 l lauwarmes Wasser*** | |
| ***1 EL geschmacksneutrales Öl*** | |

| | |
|---|---|
| ***UNGARISCH*** | |
| ***600 g Mehl*** | |
| ***1 Ei*** | |
| ***1 Prise Salz*** | |
| ***2 EL Wasser*** | |
| ***1 EL Essig*** | |
| ***1 EL zerlassenes, lauwarmes Schmalz*** | |

| | |
|---|---|
| ***WIENERISCH*** | |
| ***250 g Mehl*** | |
| ***1 Ei*** | |
| ***1 Prise Salz*** | |
| ***etwas kaltes Wasser*** | |
| ***1 TL weiche Butter*** | |

Das Mehl in eine Schüssel sieben und in die Mitte eine Vertiefung drücken. Alle anderen Zutaten in die Mehlmulde geben, darin verrühren und rasch zu einem weichen Teig verarbeiten. Den Teig auf einem Brett so lange abschlagen, bis er weder am Brett noch an den Händen klebt. 2–4 Laibchen formen und bis zu 1 Stunde ruhen lassen.
Die Donauschwaben und Ungarn legen ihn dazu unter einen vorgewärmten Topf oder eine Schüssel, die Wiener bedecken ihn oft lieber mit einem feuchten Tuch.

Danach wird der Teig auf einem bemehlten Brett oder auf einem bemehlten Tischtuch bis über die Kanten des Tisches durchsichtig (= hauchdünn) ausgezogen. Dabei wird sehr sorgfältig mit dem Handrücken und auch mit der flachen Hand gearbeitet.
Der nicht mehr ausziehbare, etwas dickere Rand wird abgeschnitten (evtl. mit 1 Ei verarbeiten und als Suppeneinlage verwenden). Der ausgezogene Strudelteig wird je nach Rezept gefüllt und mit Hilfe des Tischtuches leicht schubsend locker zusammengerollt.

# Wiener Rahmstrudel mit Vanillesoße

***1 Grundrezept Strudelteig wienerisch (siehe links)***
***Butter zum Bestreichen***

***FÜLLUNG***
***5 Eier, getrennt***
***140 g Zucker***
***2 EL dicker, saurer Rahm***
***4 EL in Butter hellgelb geröstete Semmelbrösel***
***80 g gemahlene Mandeln***
***80 g Rosinen und Weinbeeren, gemischt***

***VANILLESOSSE***
***1/2 l Vollmilch***
***1 Vanilleschote***
***5 Eigelb***
***1 EL Mehl***
***150 g Zucker***

Die Eigelbe mit dem Zucker schaumig rühren. Rahm, Semmelbrösel, Mandeln, Rosinen und Weinbeeren dazugeben. Zuletzt die zu steifem Schnee geschlagenen Eiweiß unterheben. Die Füllung auf dem ausgezogenen, mit Butter bestrichenen Strudelteig verteilen und locker zusammenrollen. Im vorgeheizten Rohr bei 180°C in ca. 45 Minuten hellgelb backen.
Inzwischen für die Soße die Milch mit der aufgeschlitzten Vanilleschote ca. 10 Minuten kochen; vorsichtig, damit die Milch nicht überläuft. Eigelbe, Mehl und Zucker gut verrühren, nach und nach die kochende Milch dazugeben. Noch einmal erhitzen, aber nicht mehr kochen. Vanilleschote herausnehmen. Die Soße zum Strudel servieren.

# Rahmstrudel

BATSCHKA

***1 Grundrezept Strudelteig donauschwäbisch (siehe links)***
***Butter zum Bestreichen***
***Puderzucker zum Bestäuben***

***FÜLLUNG***
***4 Eigelb***
***70 g Zucker***
***40 g feine Semmelbrösel***
***2 EL dicker, saurer Rahm***
***3 Eiweiß***
***70 g Rosinen***

Die Eigelbe mit dem Zucker schaumig rühren. Brösel, Rahm und die zu steifem Schnee geschlagenen Eiweiße unterheben. Auf den ausgezogenen Strudelteig verteilen und die Rosinen darüberstreuen. Den Strudel locker aufrollen und mit Butter bestreichen. Im vorgeheizten Rohr bei 180°C in ca. 45 Minuten hellgelb backen. Mit Puderzucker bestäubt servieren.

# Wiener Apfelstrudel

***1 Grundrezept Strudelteig wienerisch (siehe links)***
***Butter zum Bestreichen***
***Puderzucker zum Bestäuben***

***FÜLLUNG***
***15 mittelgroße Äpfel***
***7–8 EL in Butter geröstete Semmelbrösel***
***ca. 70 g Weinbeeren oder Rosinen***
***ca. 70 g feingehackte Mandeln***
***Zucker nach Belieben***
***etwas Zimt***
***etwas abgeriebene Schale von unbehandelter Zitrone***

Die Äpfel schälen, entkernen und raffeln. Mit Semmelbröseln, Weinbeeren bzw. Rosinen, Mandeln, Zucker, Zimt und Zitronenschale vermischen.
Den ausgezogenen Strudelteig mit Butter bestreichen, die Füllung darauf verteilen, locker zusammenrollen und wieder mit Butter bestreichen. Im vorgeheizten Rohr bei 180°C in ca. 45 Minuten goldgelb backen. Mit Puderzucker bestäubt servieren.

## Kirschstrudel

Wien

***1 Grundrezept Strudelteig donauschwäbisch (Seite 72)***
***Butter zum Bestreichen***
***Füllung***
***1 kg entsteinte Kirschen oder Weichseln***
***Zucker nach Belieben***

Die Kirschen bzw. Weichseln entsteinen und auf dem ausgezogenen Strudelteig verteilen. Gut zuckern und locker zusammenrollen. Den Strudel mit Butter bestreichen. Im vorgeheizten Rohr bei 180°C ca. 45 Minuten backen.

## Krautstrudel

Ungarn

***1 Grundrezept Strudelteig ungarisch (Seite 72)***
***Schmalz zum Bestreichen***

***FÜLLUNG***
***1 großer Kopf Weißkraut***
***50 g Schweineschmalz***
***Salz***
***1 EL Zucker***
***Pfeffer***
***2–3 EL Weißwein***

siehe Foto S. 70, rechts

Das Kraut putzen, waschen und fein schneiden. In dem heißen Schmalz mit Salz, Zucker und Pfeffer weich dünsten. Nach und nach den Weißwein dazugeben. Den ausgezogenen Strudelteig mit Schmalz bestreichen, die ausgekühlte Füllung darauf verteilen, locker zusammenrollen und im vorgeheizten Rohr bei 180°C ca. 45 Minuten backen.

## Burek mit Topfen

Bosnien

***500 g trockener Topfen (Quark)***
***2 TL Salz***
***100 g Oliven- oder geschmacksneutrales Öl für die Form und zum Bestreichen***
***500 g fertig gekaufter, trockener Strudelteig***

Den Topfen salzen und mit der Gabel zerdrücken. Eine runde Backform gut mit Öl ausfetten. 3 Teigblätter hineinlegen und mit Öl bestreichen. Einen Teil des Topfens gleichmäßig darauf verteilen, mit Teigblättern abdecken und so abwechselnd weiterverfahren, bis die Zutaten verbraucht sind. Die letzte Schicht ist Teig. Diese wieder einölen und im vorgeheizten Rohr bei 200°C ca. 30 Minuten backen.

## Burek mit Fleisch

Bosnien

***500 g Schweinehackfleisch***
***1 kleingehackte Zwiebel***
***2–3 EL Oliven- oder geschmacksneutrales Öl zum Anbraten, für die Form und zum Bestreichen***
***Salz***
***1 TL frisch gemahlener Pfeffer***
***1 TL Edelsüßpaprika***
***500 g fertig gekaufter, trockener Strudelteig***

Hackfleisch und Zwiebel kurz in etwas Öl anbraten, salzen, pfeffern, Paprika dazugeben und ein wenig schmoren. Eine runde Backform mit Öl ausfetten. 3 Teigblätter hineinlegen, gleichmäßig mit einem Teil der Fleischmasse bestreichen, mit 3 Teigblättern abdecken und so abwechselnd weiterverfahren, bis die Zutaten verbraucht sind. Die letzte Schicht ist Teig. Diese einölen und die Form im vorgeheizten Rohr bei 200°C ca. 30 Minuten backen.
Im Ursprungsland wird Burek bevorzugt mit Lamm- oder Rindfleisch zubereitet. Unserem Geschmack entspricht in der Regel Schweinefleisch mehr.

Burek mit Fleisch

## Topfenstrudel

ALTES REZEPT

**1 Grundrezept Strudelteig wienerisch (Seite 72)**
**Butter zum Bestreichen**
**saurer Rahm zum Besprengen**
**Puderzucker zum Bestäuben**

**FÜLLUNG**
**500 g trockener Topfen (Quark)**
**1 EL handwarme Butter**
**1/8 l dicker, saurer Rahm**
**2 Eier**
**3 EL Zucker**
**etwas Zimt**
**1 Prise Salz**
**50 g Weinbeeren**

Den Topfen mit der Butter, dem Rahm, Eiern, Zucker, Zimt, Salz und Weinbeeren verrühren. Den ausgezogenen Strudelteig mit Butter bestreichen und mit Sauerrahm besprengen, darauf die Füllung verteilen. Den Strudel locker zusammenrollen und im vorgeheizten Rohr bei 180°C ca. 45 Minuten backen. Noch warm mit Puderzucker bestäuben und bald servieren.

## Schichtstrudel Baklava

TÜRKISCH, AUS BOSNIEN

**FÜLLUNG**
**150 g Grieß**
**50 g Butter**
**150 g gemahlene Nüsse**
**75 g Zucker**

**100 g Butter für das Backblech**
**fertig gekaufter Strudelteig (4 Blätter)**

**75 g Zucker**
**3 EL Wasser**
**1/2 EL Zitronensaft oder 1 TL Vanillinzucker**

Den Grieß in der Butter hellgelb rösten. Die Nüsse mit dem Zucker gut einmengen. Das Backblech mit der Butter dick ausfetten. Abwechselnd in 4–5 Schichten Strudelteig und Nußmasse darauf verteilen. Die oberste Schicht besteht aus Teig. Im vorgeheizten Rohr bei 200°C ca. 35 Minuten backen.
Inzwischen den Zucker mit dem Wasser und dem Zitronensaft oder Vanillinzucker kochen lassen, bis er anfängt zu »spinnen« (Fäden zu ziehen), und auf den bereits hellgelb gebackenen Strudel gießen, in ca. 10 Minuten fertigbacken. Erst am nächsten Tag in gleichmäßige Vierecke schneiden. Reicht man vorher eine Gulaschsuppe, hat man eine komplette Mahlzeit.

## Schokoladenstrudel

(FOTO SEITE 70)

UNGARN

**1 Grundrezept Strudelteig donauschwäbisch oder wienerisch (Seite 72)**
**Butter zum Bestreichen**
**Puderzucker und geriebene Schokolade zum Bestreuen**

**FÜLLUNG**
**5 Eier, getrennt**
**100 g Zucker**
**150 g geriebene Schokolade**
**100 g feingestoßene Mandeln**

Die Eigelbe mit dem Zucker schaumig rühren. Die zu steifem Schnee geschlagenen Eiweiß unterheben. Den ausgezogenen Strudelteig mit Butter bestreichen. Darauf die Füllung verteilen (einen kleinen Teil zurückbehalten), mit Schokolade und Mandeln bestreuen und locker zusammenrollen. Den Strudel nun außen mit der restlichen Füllung bestreichen und im vorgeheizten Rohr bei 180°C ca. 45 Minuten backen. Mit Puderzucker und Schokolade bestreut servieren.

# Gibanica I

Kroatien

**Grundrezept Strudelteig donauschwäbisch (Seite 72) mit geänderten Zutaten und Mengen:**
**500 g trockenes Mehl**
**1–2 Eier**
**1 Prise Salz**
**etwas Milch**
**1 EL Schmer oder gutes Schmalz**

**FÜLLUNG**
**750 g trockener Topfen (Quark)**
**2 EL Semmelbrösel**
**1 EL Zucker**
**2 EL Rosinen**
**2 EL dicker, saurer Rahm**
**2 Eier**
**1 EL gutes Schmalz**

**Gutes Schmalz zum Bestreichen**
**Puderzucker zum Bestäuben**

Aus den angegebenen Zutaten rasch einen nicht zu weichen Teig arbeiten. 4 Laibchen formen, bis zu 1 Stunde ruhen lassen und danach ausziehen und trocknen lassen. Jede Teigplatte sollte der Größe des Backblechs entsprechen. Während der Ruhezeit die Füllung zubereiten. Quark und Semmelbrösel verrühren, mit den übrigen Zutaten gut vermengen. Die Eier vorher verquirlen, das Schmalz flüssig machen und auskühlen lassen.
1 Teigplatte passend auf das gut ausgefettete Backblech legen. Gleichmäßig mit etwa $^1/_3$ der Füllung bestreichen. Abwechselnd so weiterverfahren, bis die Zutaten verbraucht sind. Obenauf liegt die letzte Teigplatte. Diese gut mit flüssigem Schmalz bestreichen und die Gibanica im vorgeheizten Rohr bei 180°C ca. 40 Minuten hellgelb backen. In gleichmäßig längliche Stücke schneiden, reichlich mit Puderzucker bestäuben und noch warm servieren. Dieses Gericht ist eine ausgezeichnete, kroatische Spezialität.

# Gibanica II

Serbisch

**6 Eier**
**500 g trockener Topfen (Quark)**
**$^1/_4$ l Milch**
**$^1/_4$ l saurer Rahm**
**1 TL Salz**
**50 g Butter oder Öl für die Tepsi (Bratreine) und zum Bestreichen**
**500 g fertig gekaufter Strudelteig**

Die Eier verklöppeln, dann mit dem Quark, Milch, saurem Rahm und Salz vermischen. Butter bzw. Öl in die Bratreine geben. Den Teig Blatt für Blatt (1 Teigblatt zur Seite legen) gut in der Quarkmasse wenden, anschließend jeweils locker zu Bällchen formen und nebeneinander in die Bratreine setzen. Das verbliebene Teigblatt obenauf legen, mit Butter bestreichen und die Gibanica im vorgeheizten Rohr bei 190°C 30 Minuten hellgelb backen. Evtl. auf die untere Schiene setzen, bevor sie zu dunkel wird. Sie kann auch abgedeckt werden, aber Vorsicht, das Gericht geht während des Backens auf.

Zucche

# Palatschinken, Omeletts und Schmarrn

Palatschinken und Omeletts sind nahe Verwandte. Sie sind einfach und schnell zubereitet und sättigen, ohne dick zu machen. Ein Sprichwort in der Batschka lautet: »Nicht, was in den Mund hineingeht, sondern nur das, was herauskommt, ist Sünde». Voraussetzung für die bei alt und jung beliebten Speisen ist, daß sie frisch vom Herd auf den Teller kommen. Pro Person rechnet man im Schnitt 2 Eier. Hier sollte nicht gespart werden. Etwas mehr Ei macht den Teig lockerer und spart Fett beim Ausbacken. Die Füllungen und Beigaben sind in den Rezepten enthalten. Sie entstammen der russischen, türkischen, ungarischen, rumänischen und bulgarischen Küche.

# PALATSCHINKEN

## Grundrezept

### Palatschinken

***150 g Mehl***
***1 Prise Salz***
***4 Eier***
***¼ l Milch***
***geschmacks-neutrales Öl oder Backfett***

Das Mehl in eine Schüssel sieben. Mit dem Salz vermengen und nach und nach abwechselnd mit den verquirlten Eiern und der Milch zu einem nicht zu dünnflüssigen Teig verrühren. Diesen gut 15 Minuten quellen lassen.
In einer schweren Pfanne 1 TL Öl oder Backfett erhitzen, knapp einen Soßenlöffel voll Teig einfüllen und gleichmäßig dünn verlaufen lassen. Die Pfannkuchen schnell von beiden Seiten hellgelb backen. Die angegebene Menge reicht für 10–12 Stück.

***Hinweis***
Die Palatschinken werden je nach Rezept oder auch nur mit Konfitüre gefüllt bzw. bestrichen, zusammengerollt oder zusammengeklappt und mit Puderzucker bestäubt.

Um einen schnellen, warmen Imbiß herzustellen, ist es ratsam, Palatschinken auf Vorrat zu backen. Gestapelt und in Frischhaltefolie eingewickelt, halten sie sich im Kühlschrank bis zu drei Tagen.
Man füllt die kalten Pfannkuchen wie üblich mit den gewünschten Füllungen, rollt sie zusammen, legt sie reihweise in eine gebutterte, feuerfeste Schüssel, begießt sie mit 3–4 Eßlöffeln ungeschlagener, süßer Sahne und erhitzt sie im vorgeheizten Rohr bei 150°C etwa eine halbe Stunde; sie sollen nur aufquellen.
Mit Puderzucker bestreut, sind sie ein schnelles Gericht für unvorhergesehene Gäste und Gelegenheiten. Oder die kalten Pfannkuchen werden in Streifen (Nudeln) geschnitten und ergeben eine köstliche Einlage für klare Fleischsuppen.

# Rutsch-Palatschinken

BUDAPEST

***70 g Butter***
***70 g Zucker***
***7 Eier, getrennt***
***70 g Mehl***
***$3^{1}/_{2}$ EL Milch***
***1 Prise Salz***
***Butter zum Ausbacken***
***reichlich Zucker, mit etwas Vanillinzucker und abgeriebener Zitronenschale vermischt, zum Bestreuen***

Die Butter mit dem Zucker und den Eigelben cremig rühren. Das Mehl einarbeiten, zuletzt die zu steifem Schnee geschlagenen Eiweiß unterheben. Mit Milch verdünnen und das Salz untermengen. In einer Pfanne 1 TL Butter erhitzen, einen knappen Soßenlöffel voll Teig einfüllen, von einer Seite hellbraun backen und danach auf eine Platte rutschen lassen. Mit der Zuckermischung bestreuen. So alle Palatschinken backen, jeweils aufeinander gleiten lassen und bestreuen. Aufschneiden wie eine Torte.

# Palatschinken mit Weinchaudeau

BATSCHKA

***500 g Mehl***
***1 Prise Salz***
***4 Eier***
***2 EL Zucker***
***1 l Milch***
***geschmacksneutrales Öl oder Backfett***
***Aprikosenkonfitüre zum Füllen***

***WEINCHAUDEAU***
***6 Eigelb***
***175 g Zucker***
***$^{1}/_{2}$ l guter Weißwein***

Das Mehl in eine Schüssel sieben. Mit dem Salz vermengen und nach und nach abwechselnd mit den verquirlten Eiern, dem Zucker und der Milch zu einem nicht zu dünnflüssigen Teig verrühren. Diesen 30 Minuten quellen lassen. In einer schweren Pfanne 1 TL Öl oder Backfett erhitzen, knapp einen Soßenlöffel voll Teig gleichmäßig darin verteilen und die Pfannkuchen schnell von beiden Seiten hellgelb backen. Die angegebene Menge reicht für 22–24 Stück. Jeweils mit Konfitüre füllen, zusammenrollen und nebeneinander auf eine vorgewärmte Platte legen.
Für den Weinchaudeau die Eigelbe mit dem Zucker schaumig rühren. Den Wein zum Kochen bringen, vom Herd nehmen und die Eigelbmasse langsam einrühren. Auf dem Herd so lange abschlagen, bis die Masse steigt (sie darf nicht kochen), dann sofort vom Herd nehmen. Über die Palatschinken gießen und sofort servieren.

# Creme-Palatschinken

BATSCHKA

***1 Grundrezept Palatschinken (siehe links)***

***CREMEFÜLLUNG***
***4 Eier, getrennt***
***100 g Zucker***
***1 Päckchen Vanillinzucker***
***4 EL Mehl***
***$^{1}/_{2}$ l kochende Milch***

Die frisch zubereiteten Palatschinken möglichst warm halten. Für die Füllung die Eigelbe mit Zucker, Vanillinzucker und Mehl gut verrühren. Langsam in die kochende Milch eingießen und unter Rühren dick werden lassen. Von der Herdstelle nehmen und die zu steifem Schnee geschlagenen Eiweiß untermischen. Je 1 EL heiße Creme auf die Palatschinken geben, zusammenrollen und sofort servieren.

## Palatschinken mit Topfenfüllung

Batschka

***1 Grundrezept Palatschinken (Seite 80)***
***Puderzucker zum Bestäuben***

***TOPFENFÜLLUNG***
***1 Eigelb***
***75 g Puderzucker***
***150 g trockener Topfen (Quark)***
***50 g in 1 EL Rum eingeweichte Rosinen***
***1 Päckchen Vanillinzucker***

Die frisch zubereiteten Palatschinken möglichst warm halten.
Für die Füllung das Eigelb mit dem Puderzucker schaumig rühren. Topfen, Rosinen und Vanillinzucker gut untermengen. Auf jeden Palatschinken 1 EL Füllung geben, zusammenrollen, in eine feuerfeste Form einschichten und im vorgeheizten Rohr bei 180°C 5 Minuten erwärmen. Mit Puderzucker bestäubt servieren.

## Hefe-Palatschinken

Batschka, Siebenbürgen

***$^3/_4$ l lauwarme Milch***
***20 g Hefe***
***3 EL Zucker***
***3 Eier***
***250 g Mehl***
***1 Prise Salz***
***Butter oder Schmalz zum Ausbacken***
***Konfitüre zum Füllen***
***Puderzucker zum Bestäuben***

2 EL Milch abnehmen. Die Hefe in einer Tasse darin mit 1 TL Zucker auflösen. Die Eier in einer Schüssel mit 1 EL Milch verklöppeln, erst die aufgelöste Hefe, dann langsam das Mehl dazurühren sowie das Salz, die restliche Milch und den übrigen Zucker. Gut durchrühren und an einem warmen Ort zugedeckt $^1/_2$ Stunde aufgehen lassen. Wenn der Teig anfängt, sich zu heben, in einer Pfanne 1 TL Butter oder Schmalz erhitzen, einen Soßenlöffel voll Teig gleichmäßig darin verteilen und die Pfannkuchen schnell von beiden Seiten hellgelb backen. Mit Konfitüre füllen, einmal zusammenschlagen und noch warm, mit Puderzucker bestäubt, servieren.

## Böhmische Kreppchen

120 Jahre altes Rezept

***50 g Mehl***
***20 g Butter***
***2 Eier***
***1 Prise Salz***
***Milch***
***Butter zum Ausbacken***
***eingewecktes, abgetropftes Obst oder Konfitüre zum Füllen***
***geriebene Schokolade und Puderzucker zum Bestreuen***

Das Mehl in eine Schüssel sieben. Die Butter in kleinen Stückchen hineinschneiden und mit den Eiern, Salz und Milch zu einem dickflüssigen Teig verarbeiten. 1 TL Butter in der Pfanne erhitzen und nach und nach 10 kleine Kreppchen (Crêpes bzw. Palatschinken) ausbacken. Mit dem gut abgetropften Obst oder der Konfitüre füllen und zusammenrollen. Zunächst mit der geriebenen Schokolade, dann mit dem Puderzucker bestreuen.

Palatschinken mit Topfenfüllung

## Omelett »Omama«

BATSCHKA

**4 Eier, getrennt**
**1 EL Zucker**
**2 EL Mehl**
**½ EL Zitronensaft**
**etwas abgeriebene Schale von unbehandelter Zitrone**
**Butter und Mehl für das Backblech**
**Zucker für die Platte**
**Aprikosenkonfitüre zum Bestreichen**
**Puderzucker zum Bestäuben**

Eiweiß mit Zucker zu festem Schnee schlagen. Die Eigelbe einzeln dazurühren, dann Mehl, Zitronensaft und -schale. Ein kleineres Backblech mit Rand gut buttern und bemehlen. Den Teig gleichmäßig darauf verstreichen und im vorgeheizten Rohr bei 180°C in ca. 15 Minuten hellgelb backen. Auf eine vorgewärmte, gezuckerte Platte stürzen, mit Konfitüre bestreichen, einmal zusammenschlagen und, mit Puderzucker bestäubt, servieren.

## Omelett-Soufflé

BUDAPEST

**6 Eier, getrennt**
**100 g Zucker**
**etwas abgeriebene Schale von unbehandelter Zitrone**
**2 TL Kartoffelmehl**
**Butter zum Ausbacken**
**Aprikosenkonfitüre zum Füllen**
**Puderzucker zum Bestäuben**

Die Eigelbe mit dem Zucker schaumig rühren. Zitronenschale, Kartoffelmehl und die zu steifem Schnee geschlagenen Eiweiße untermischen. Eine Omelettpfanne gut ausbuttern und nacheinander 4 Omeletts backen. Omeletts werden nur von einer Seite gebacken. Sie müssen beim Herausgleiten aus der Pfanne zusammenklappen. Die gebackene Seite mit Konfitüre bestreichen und mit Puderzucker bestäuben.

## Omelett mit Konfitüre

**6 EL Zucker**
**3 Eier, getrennt, 1 Ei**
**1 Messerspitze Backpulver**
**Butter zum Ausbacken**
**Himbeerkonfitüre zum Füllen**
**Puderzucker zum Bestäuben**

Den Zucker mit den Eigelben sowie dem ganzen Ei sehr dick rühren. Die zu steifem Schnee geschlagenen Eiweiße und das Backpulver unterziehen. Eine große Omelettpfanne gut ausbuttern, den ganzen Teig einfüllen und im vorgeheizten Rohr bei 200°C in 12 Minuten, mit vorgewärmtem Deckel zugedeckt, hellgelb backen. Sofort auf eine vorgewärmte Platte stürzen, mit Konfitüre füllen, einmal umschlagen und mit Puderzucker bestäuben.

## Omelett Marienbad

MÄHREN

**2 Eigelb, 1 EL Zucker**
**1 Prise Salz**
**1 gehäufter EL Mehl**
**1 Messerspitze Backpulver**
**5 EL Milch, 3 Eiweiß**
**Butter zum Ausbacken**
**Konfitüre zum Füllen**
**Puderzucker zum Bestäuben**

Die Eigelbe mit dem Zucker schaumig rühren. Salz, das Mehl mit Backpulver vermischt, und die Milch einarbeiten. Zuletzt die zu steifem Schnee geschlagenen Eiweiße unterheben. Eine große Omelettpfanne gut ausbuttern, den ganzen Teig einfüllen und im vorgeheizten Rohr bei 180°C in 15 Minuten, mit vorgewärmtem Deckel zugedeckt, hellgelb backen. Sofort auf eine vorgewärmte Platte stürzen, mit Konfitüre füllen, zusammenrollen und, mit Puderzucker bestäubt, servieren.

## Rothschild-Omelett

BUDAPEST

**_Gut $^1/_4$ l Milch_**
**_100 g Zucker_**
**_$^1/_2$ Päckchen Vanillinzucker_**
**_7 Eier, getrennt_**
**_60 g Mehl_**
**_1 Prise Salz_**
**_Butter zum Bestreichen_**
**_Erdbeerkonfitüre_**
**_$^1/_4$ l süßer Rahm_**

Die Milch mit Zucker und Vanillinzucker, den Eigelben, Mehl und Salz gut verrühren und zum Kochen bringen, anschließend auskühlen lassen. Die zu steifem Schnee geschlagenen Eiweiße unterheben. Drei Steingutteller gut mit Butter bestreichen. Den Teig gleichmäßig darauf verteilen und bei 180°C im vorgeheizten Rohr ca. 10 Minuten backen. Mit einem Holzstäbchen probieren, ob der Teig durchgebacken ist.
Ein Omelett mit Konfitüre bestreichen, ein zweites Omelett darauflegen, auch dieses mit Konfitüre bestreichen und das dritte Omelett darüberlegen, auch wieder bestreichen. Mit dem steifgeschlagenen Rahm überziehen; er zerläuft etwas, schmeckt aber sehr gut.

## Orangenomelett

(FOTO SEITE 78)

BANAT

**_50 g Zucker_**
**_40 g Butter_**
**_70 g Mehl_**
**_abgeriebener Schale von 1 unbehandelten Orange_**
**_$^1/_4$ l süßer Rahm_**
**_6 Eier, getrennt_**
**_$^1/_4$ Päckchen Backpulver_**
**_Butter zum Ausbacken_**
**_Orangenmarmelade zum Füllen_**
**_Puderzucker zum Bestäuben_**

Zucker, Butter, Mehl, Orangenschale und Rahm glatt abrühren, 2 Eigelbe dazugeben. Die gesamte Masse bei schwacher Hitze unter ständigem Schlagen dick kochen. Auskühlen lassen, die restlichen Eigelbe und das gesiebte Backpulver dazugeben und nochmals kräftig abrühren. Zuletzt die zu steifem Schnee geschlagenen Eiweiße unterheben. Eine große Pfanne ausbuttern, den ganzen Teig einfüllen und im vorgeheizten Rohr bei 180°C ca. 15 Minuten, mit vorgewärmtem Deckel zugedeckt, backen. Sofort auf eine vorgewärmte Platte stürzen, mit Orangenmarmelade füllen, einmal zusammenschlagen und, mit Puderzucker bestäubt, servieren.

## Ungarisches Omelett

BUDAPEST

**_12 Eier_**
**_1 Prise Salz_**
**_50 g Butter_**
**_250 g durchwachsener, kleinwürfelig geschnittener Räucherspeck_**
**_1 kleinwürfelig geschnittene Paprikaschote_**
**_12 EL Fleischbrühe_**
**_1 $^1/_2$ EL Tomatenmark_**
**_ca. 1 TL Speisestärke_**

Die Eier mit dem Salz schaumig rühren. Die Butter in einer Pfanne erhitzen, die Eimasse hineingießen, zudecken und bei ganz schwacher Hitze stocken lassen. Inzwischen die Speckwürfel in einer Pfanne auslassen und die Paprikawürfel darin weich dünsten. Das Omelett vorsichtig auf eine vorgewärmte Platte schieben und in der Mitte leicht einschneiden. Hier hinein die Speck-Paprika-Mischung verteilen. Den Bratensatz mit der Fleischbrühe ablöschen, das Tomatenmark dazurühren und mit der kalt angerührten Speisestärke binden. Die Soße um das Omelett gießen oder separat servieren.

## Kaiserschmarrn-Rarität

WIEN

***140 g Butter***
***1 Prise Salz***
***etwas abgeriebene Schale von unbehandelter Zitrone***
***6 Eier, getrennt***
***120 g Zucker***
***100 g geschälte, gemahlene Mandeln***
***150 g Mehl***
***$^1/_4$ l Milch***
***60 g Butter zum Backen***
***Puderzucker zum Bestäuben***

Die Butter schaumig rühren. Mit Salz, Zitronenschale, den Eigelben, (nach und nach) Zucker, Mandeln, Mehl und Milch zu einem leichtflüssigen Teig verarbeiten. Eiweiß zu steifem Schnee schlagen und vorsichtig unterheben. Die Butter auf ein Backblech geben und im vorgeheizten Rohr bei 180°C auflösen, aber nicht braun werden lassen. Den Teig eingießen und in ca. 45 Minuten goldgelb backen. Mit zwei Gabeln zerreißen und auf eine vorgewärmte Platte gleiten lassen. Mit Puderzucker bestäuben und heiß servieren. Nach Belieben kann Kompott dazu gereicht werden.

KAISERSCHMARRN-RARITÄT

## Kaiserschmarrn

ÖSTERREICH

***$^1/_2$ l Milch***
***250 g Mehl***
***4 Eier, getrennt***
***1 Prise Salz***
***Butter oder Butterschmalz zum Ausbacken***
***Puderzucker und etwas Vanillinzucker oder Zimt zum Bestäuben***

Die Milch mit dem Mehl unter Rühren zu einem dicken Brei kochen. Nach dem Erkalten die Eigelbe und das Salz unterrühren, ebenso die zu steifem Schnee geschlagenen Eiweiße. Den Teig gut abschlagen. In einer Pfanne Butter bzw. Butterschmalz erhitzen und den Teig in zwei Portionen backen. Jeweils zuerst zudecken und nach dem Wenden mit der Gabel zerreißen. Puderzucker mit Vanillinzucker oder Zimt mischen und den goldgelb gebackenen Schmarrn damit bestäuben.

## Wiener Kaiserschmarrn

***150 g griffiges Mehl***
***1 Messerspitze Salz***
***1 EL Puderzucker***
***3 Eier, getrennt***
***$^1/_8$ l Milch***
***1 TL Puderzucker für den Eischnee***
***nach Belieben 50 g in Rum eingeweichte Rosinen***
***50–60 g Butter zum Ausbacken***
***Puderzucker zum Bestäuben***

Das Mehl in eine Schüssel sieben und zusammen mit dem Salz, Puderzucker, den Eigelben und der Milch mit dem Schneebesen zu einem leichtflüssigen Teig verarbeiten. Diesen 10 Minuten ruhen lassen. Das Eiweiß sehr steif schlagen, zwischendurch den Teelöffel Puderzucker dazugeben. Den Eischnee vorsichtig unter den Teig heben. In einer Omelettpfanne 40 g Butter erhitzen, den Teig hineingeben und darauf evtl. die in Rum eingeweichten Rosinen verteilen. Zudecken und auf einer Seite goldgelb backen. Wenden, mit der Gabel zerreißen und fertigbacken, dabei die restliche Butter zugeben. Mit Puderzucker bestäuben und heiß servieren.

## Topfenschmarrn

KROATIEN

***500 g trockener Topfen (Quark) oder abgetropfter Schichtkäse***
***5 Eier, getrennt***
***2 EL dicker, saurer Rahm***
***1 Prise Salz***
***4 EL Mehl***
***50 g Rosinen nach Belieben***
***50 g Butter zum Ausbacken***
***Puderzucker zum Bestäuben***

Den Topfen bzw. Schichtkäse mit den Eigelben gut verrühren. Den sauren Rahm, Salz und das Mehl – dieses am besten langsam durch ein feines Sieb – dazugeben. Zuletzt die zu steifem Schnee geschlagenen Eiweiße vorsichtig unterheben, evtl. auch die Rosinen. Die Butter in einer Pfanne erhitzen, die Topfenmasse hineingießen und zugedeckt anbacken. Wenden, mit der Gabel zerreißen und ebenfalls zugedeckt fertigbacken. Mit Puderzucker bestäubt servieren.

KIRSCHENSCHMARRN

## Ischler Schmarrn

ÖSTERREICH

***250 g Mehl***
***6 Eier, getrennt***
***1/2 l Milch***
***90 g Butter***
***100 g geschälte, gemahlene Mandeln***
***30 g Butter zum Ausbacken***
***Puderzucker zum Bestäuben***
***Johannisbeerkonfitüre zum Servieren***

Das Mehl sieben und mit den Eigelben und der Milch langsam glattrühren. Die flüssige, aber nicht heiße Butter, die Mandeln und die zu steifem Schnee geschlagenen Eiweiße dazugeben. Die Butter in einer großen Pfanne erhitzen, die Teigmasse hineingießen und zugedeckt anbacken. Wenden, mit der Gabel zerreißen und ebenfalls zugedeckt fertigbacken. Mit Puderzucker bestäuben und mit der heißen Konfitüre servieren.

## Kirschenschmarrn

ÖSTERREICH

***8 Eier, getrennt***
***8 EL Zucker***
***2 1/2 EL flüssiger, süßer Rahm***
***1 EL dicker, saurer Rahm***
***350 g Mehl***
***500 g entsteinte, frische oder eingeweckte Kirschen***
***50 g Butter für die Form***
***Puderzucker zum Bestäuben***

Die Eigelbe mit dem Zucker schaumig rühren. Süßen und sauren Rahm, langsam das gesiebte Mehl und zuletzt die zu steifem Schnee geschlagenen Eiweiße unterheben. Die entsteinten, gut abgetropften Kirschen vorsichtig einmengen. Eine Backform gut mit Butter einfetten, den Teig einfüllen und im vorgeheizten Rohr bei 175°C ca. 30 Minuten backen. Mit der Gabel zerreißen und, mit Puderzucker bestäubt, servieren.

# Apfelschmarrn

Ungarn

***250 g Mehl***
***4 Eier, getrennt***
***1 Prise Salz***
***20 g Zucker***
***1 Päckchen Vanillinzucker***
***$^1/_2$ l Milch***
***6 große, gebratene, passierte Äpfel***
***70 g Butter***
***Zimtzucker zum Bestreuen***

Aus dem Mehl, Eigelb, Salz, Zucker, Vanillinzucker und Milch einen glatten Pfannkuchenteig rühren. Die Äpfel hineingeben und zuletzt vorsichtig die zu steifem Schnee geschlagenen Eiweiße unterziehen. In einer größeren Pfanne die Butter erhitzen, den Teig hineingießen, zudecken und bei schwacher Hitze steigen lassen. Nach etwa 10–15 Minuten, wenn der Boden hellgelb ist, mit einer Backschaufel wenden, in Stücke stoßen, wieder zudecken und weiterbacken. Diesen Vorgang noch zweimal wiederholen. Den Schmarrn auf einer Platte servieren und dick mit Zimtzucker bestreuen.

# Grießschmarrn

Rarität aus Ungarn

***150 g Grieß***
***600 ml süßer Rahm***
***6 Eier, getrennt***
***1 Prise Salz***
***120 g Butter***
***100 g Rosinen***
***Puderzucker zum Bestreuen***

Den Grieß mit der Sahne übergießen und 2 Stunden quellen lassen. Anschließend die Eigelbe einzeln dazurühren, dann das Salz zugeben und die zu steifem Schnee geschlagenen Eiweiße unterziehen. In einem höheren Topf die Butter erhitzen, den Brei hineingeben und ständig rühren bei nicht zu großer Hitze, bis sich die Masse wie ein großer Kloß vom Boden löst. Den Kloß mit der Hand etwas flachdrücken. Nun das Ganze in das auf 190°C vorgeheizte Rohr schieben und den Schmarrn backen. Zwischendurch immer wieder mit zwei Gabeln in Stücke zerreißen (Vorsicht, dabei verbrennt man sich leicht die Finger!). Nach gut 30 Minuten dem goldgelb gebackenen Schmarrn die Rosinen zufügen und einige Minuten durchziehen lassen. Auf einer Platte servieren und mit reichlich Puderzucker bestäuben.

# Holzhackerschmarrn

Burgenland

***250 g Mehl***
***5 Eier***
***375 ml Milch***
***4 Eßlöffel süßer Rahm***
***1 Prise Salz***
***120 g geriebener Emmentaler***
***60 g Butter***

Aus Mehl, Eiern, Milch, Sahne und Salz mit dem Schneebesen einen glatten Pfannkuchenteig rühren, dann erst den Käse zufügen. In einer Pfanne die Butter erhitzen, den Teig hineingießen, Deckel auflegen und steigen lassen. Nach etwa 10 Minuten mit der Backschaufel wenden, in größere Stücke stoßen, zudecken und eine Weile weiterbacken, wieder wenden und nun den Schmarrn schön hellgelb fertigbacken. Auf einer Platte servieren, dazu einen pikant abgeschmeckten Tomatensalat, ersatzweise grünen Salat reichen.

# Aufläufe, Puddings und »Süße Traditionen«

In der österreichisch-ungarischen Küche haben Aufläufe – dort »Koch« genannt – immer schon eine bedeutende Rolle gespielt. Die Vielfalt der Rezepte zeugt davon. Kaum jemand kann sich dem Genuß der frisch zubereiteten Speise entziehen. Sie ergibt mit einer zuvor gereichten Suppe ein komplettes, bei der ganzen Familie beliebtes Mittagessen. Ein lockerer Auflauf verlangt in der Regel, daß das Eiweiß sehr steif geschlagen und leicht untergehoben wird.
Die feuerfeste Form oder das tiefere Backblech soll gut ausgebuttert und bei vielen Rezepten mit Semmelbröseln bestreut werden. Das Gericht wird in das vorgeheizte Rohr geschoben und nach beendeter Backzeit sofort serviert, da es beim Abkühlen etwas zusammenfällt.

Der selbst zubereitete **Pudding** erfordert etwas Zeit, ist aber eine köstliche Delikatesse, der reinste Verführer zum Schlemmen! Auch hierfür wird das Eiweiß möglichst steif geschlagen und leicht untergehoben. Wichtig ist die alte Puddingform mit gut verschließbarem Deckel. Er muß ebenso wie die Form immer gut ausgebuttert werden, damit die Speise oben nicht anklebt und sich der Deckel nach dem Garen leicht öffnen läßt. Meistens wird die Form ausgebröselt, dann der Teig ca. drei Viertel voll eingefüllt. Als Faustregel gilt, daß die Form eine Handbreit unter dem Rand frei bleiben soll, da der Pudding beim Garen aufgeht. Die Form wird in das kochende Wasserbad gestellt (vorher nach Möglichkeit auf den Topfboden einen Rost legen, damit das heiße Wasser die Form auch von unten umgeben kann.) Das Wasser darf nur bis auf 3–4 cm an den oberen Rand der Puddingform heranreichen. Wasser, das während der Garzeit verdunstet, wird nachgefüllt.

Im Prinzip kann der Pudding auch im Wasserbad im Rohr gegart werden. Dieses ist auf 200°C vorzuheizen. Das Wasser wird auf dem Herd zum Kochen gebracht, der Pudding wie angegeben hineingesetzt und dann im Rohr fertiggestellt.
Der Deckel der Form wird geöffnet, der Dampf kann abziehen. Aber Vorsicht, der Pudding fällt bei Kälte oder Zugluft schneller und endgültiger zusammen als der Auflauf! Deshalb sollte er evtl. neben der warmen Herdplatte abdampfen können. Der Rand wird vorsichtig mit einem geeigneten Messer gelöst, der Pudding vorsichtig und mit Gefühl auf eine vorgewärmte Platte gestürzt und sofort serviert.

Viele Rezepte der **»süßen Gastronomie«**, die seit eh und je in Österreich und den angrenzenden Ländern Königin ist, haben türkischen Ursprung. Es ist unbestreitbar, daß die Orientalen den ihnen unterworfenen Völkern Lebensstil übermittelten und Eßkultur beibrachten, insbesondere mit lukullischen Leckereien. Das wirkte sich beherrschend auf die gesamte mitteleuropäische Kochkunst aus.
Ein Rätsel bleibt, wann und warum man begann, Süßspeisen als Abschluß einer Mahlzeit zu servieren. Diese Sitte könnte ebenfalls aus dem Orient stammen, wo sich vielleicht Haremsdamen nach dem Essen die Zeit mit Näschereien vertrieben. Und ist es nicht schön, wenn wir heute nach einem gemeinsamen Essen noch eine Zeitlang nett plaudernd, zum Beispiel bei dünn ausgebackenen Palatschinken oder lockeren Salzburger Nockerln, zusammensitzen? Jeder ist zufrieden und satt, genießt die Gespräche und schlürft dabei vielleicht seinen Mokka.
Diese Zeit bringt die eigentliche Entspannung, auch für die Hausfrau, die zuerst das Essen zubereitet und danach die Augen immer offen gehalten hat, damit »nur ja keiner hungrig vom Tisch aufsteht«. Das Zusammengehörigkeitsgefühl innerhalb der Familie oder unter Freunden wird auf diese Weise gestärkt, neue Kräfte werden gesammelt.

## Semmelkoch

BÖHMEN

***5 altbackene Semmeln***
***½ l Milch***
***60 g Butter***
***100 g Zucker***
***5 Eier, getrennt***
***50 g gemahlene Mandeln***
***1 Tropfen Bittermandelöl***
***Butter für die Form***

Die Semmeln feinblättrig schneiden, mit der Milch übergießen und darin aufweichen lassen. In einer schweren Pfanne 20 g Butter erhitzen, die ausgedrückten Semmeln hineingeben und unter Rühren etwas trocknen lassen. Die Masse soll dick und musartig sein. Die übrige Butter gut schaumig rühren, Zucker, Eigelb, Mandeln und Bittermandelöl dazugeben, ebenso die Semmeln und alles gut vermischen. Zuletzt die zu steifem Schnee geschlagenen Eiweiße unterheben. Eine feuerfeste Form gut ausbuttern, die Semmelmasse einfüllen und im vorgeheizten Rohr bei 180°C in ca. 45 Minuten goldgelb backen. Mit Himbeergelee servieren.

## Feiner Apfelauflauf

ÖSTERREICH

***2 EL Butter***
***3 EL Zucker***
***5 Eier, getrennt***
***6 EL Mehl***
***50 g gemahlende Mandeln***
***etwas abgeriebene Schale von unbehandelter Zitrone***
***6 Kochäpfel, am besten Boskop***
***Butter für die Form***
***Puderzucker zum Bestäuben***

Die Butter schaumig rühren, nach und nach den Zucker und die Eigelbe dazugeben. Mehl, Mandeln, Zitronenschale und die geschälten, feingeriebenen Äpfel untermengen. Zuletzt die zu steifem Schnee geschlagenen Eiweiße unterheben. Eine feuerfeste Form gut ausbuttern, und die Masse einfüllen. Den Auflauf im vorgeheizten Rohr bei 180°C in ca. 35 Minuten goldgelb backen. Mit Puderzucker bestäubt servieren.

## Scheiterhaufen mit Äpfeln

IM GANZEN LAND

***6–8 altbackene Semmeln***
***4 Eier***
***70 g Zucker***
***1 Päckchen Vanillinzucker***
***1 Prise Salz***
***½ l Milch***
***abgeriebene Schale von ½ unbehandelten Zitrone***
***Butter für die Form***
***100 g Rosinen***
***6 mittelgroße, feingeschnittene Äpfel***
***50 g Butter***
***Puderzucker zum Bestäuben***

Die Semmeln in gleichmäßig dünne Scheiben schneiden. Die Eier mit Zucker, Vanillinzucker, Salz, Milch und Zitronenschale gut verrühren. Eine längliche oder runde Auflaufform ausbuttern, die Hälfte der Semmelscheiben schön gleichmäßig hineinordnen, mit der Hälfte der Eiermilch begießen und mit den Rosinen bestreuen. Darüber die Äpfel verteilen und mit den restlichen Semmelscheiben bedecken. Die verbliebene Eiermilch darübergießen und die ganze Oberfläche gleichmäßig mit Butterflöckchen belegen. Im vorgeheizten Rohr bei 180°C in knapp 45 Minuten hellgelb backen. Mit Puderzucker bestäuben.

# Kipferlauflauf

Budapest

***10 altbackene Kipferl oder Semmeln***
***$^{3}/_{4}$ l Milch***
***6 Eier, getrennt***
***180 g Puderzucker***
***$^{1}/_{2}$ Vanilleschote***
***50 g Rosinen***
***Fett und Semmelbrösel für die Form***
***20 g Puderzucker zum Bestäuben***
***100 g Johannisbeerkonfitüre***

Die Kipferl bzw. Semmeln in dünne Scheiben schneiden und in der Milch einweichen. Die Eigelbe mit dem Puderzucker schaumig rühren. Die Vanilleschote aufschlitzen, das Mark ausschaben und dazugeben. Die eingeweichten Kipferl zufügen und alles gut vermengen. Zuletzt die zu steifem Schnee geschlagenen Eiweiße und die Rosinen unterheben. Eine Auflaufform gut ausfetten, leicht mit Bröseln bestreuen und die Masse einfüllen. Im vorgeheizten Rohr bei 180°C ca. 45 Minuten backen. Danach stürzen und die gestürzte Form mit einem nassen, kalten Tuch bedecken, damit sich der Auflauf leichter löst. Den Auflauf mit dem Puderzucker bestäuben und mit der heißen, flüssigen Konfitüre übergießen.

# Kipferlkoch

Österreich

***6–8 altbackene Kipferl, sogenannte Hörnchen***
***$^{1}/_{2}$ l Milch***
***60 g Butter***
***4 Eier, getrennt***
***60 g Zucker***
***1 Päckchen Vanillinzucker***
***etwas abgeriebene Schale von unbehandelter Zitrone***
***50 g Rosinen***
***50 g gesiebte Semmelbrösel***
***Butter und Semmelbrösel für die Form***

Die Kipferl in dünne Scheiben schneiden und mit der Milch übergießen. Die Butter schaumig rühren, nach und nach die Eigelbe, Zucker, Vanillinzucker, Zitronenschale, Rosinen und Semmelbrösel dazugeben. Diese Schaummasse über die eingeweichten Kipferlscheiben gießen und unterheben, die Scheiben sollen nicht zerfallen. Zuletzt die zu steifem Schnee geschlagenen Eiweiße unterheben. Eine feuerfeste Form gut ausbuttern und mit Semmelbröseln ausstreuen. Die Semmelmasse einfüllen und im vorgeheizten Rohr bei 175–180°C ca. 30 Minuten backen.

Mit frischen Früchten je nach Jahreszeit, beliebigen Kompottfrüchten oder heißen Himbeeren servieren. Auch eine einfache Vanillesoße, warm oder kalt serviert, wird gern dazu gegeben.

Kipferlkoch

## Schichtauflauf mit Konfitüre

Österreich

- **½ l Milch**
- **130 g Butter**
- **140 g Mehl**
- **6 Eier, getrennt**
- **70 g Zucker**
- **etwas abgeriebene Schale von unbehandelter Zitrone**
- **Butter für die Form**
- **Aprikosen- oder Sauerkirschenkonfitüre zum Füllen**
- **Puderzucker zum Bestäuben**

Die Milch mit der Butter aufkochen lassen. Schnell das Mehl dazugeben, von der Herdstelle ziehen und glatt und kalt rühren. Einzeln die Eigelbe, dann den Zucker und die Zitronenschale unterrühren, zuletzt die zu steifem Schnee geschlagenen Eiweiße unterheben. Eine feuerfeste Form gut ausbuttern, ⅓ der Masse einfüllen, mit der Konfitüre bestreichen, das zweite Drittel darüber verteilen, wieder mit Konfitüre bestreichen und mit der restlichen Masse bedecken. Im vorgeheizten Rohr bei 180°C ca. 35 Minuten backen. Mit Puderzucker bestäubt servieren.

***Variante***
Statt mit Konfitüre kann der Auflauf auch mit eingeweckten, gut abgetropften Erdbeeren (heute verwendet man natürlich besser TK-Früchte) gefüllt werden, was besonders gut schmeckt.

## Heidelbeerauflauf

Banat

- **250 g Mehl**
- **½ l Milch**
- **1 Prise Salz**
- **1 EL Zucker**
- **3 Eier**
- **Butter für die Form**
- **400 g gewaschene, abgetropfte Heidelbeeren**
- **2 EL Zucker zum Bestreuen**
- **Puderzucker zum Bestäuben**

Das Mehl in eine Schüssel sieben. Nach und nach mit der Milch, dem Salz, Zucker und den Eiern zu einem glatten Teig rühren. Eine feuerfeste Form gut ausbuttern, die Masse einfüllen und darauf gleichmäßig die Heidelbeeren verteilen. Mit Zucker überstreuen. Im vorgeheizten Rohr bei 180°C in ca. 35 Minuten hellgelb backen. Mit Puderzucker bestäubt servieren.

## Grießauflauf

Banat

- **1¼ l Milch**
- **3 EL Zucker**
- **100 g Butter**
- **1 Prise Salz**
- **250 g Grieß**
- **4 Eier, getrennt**
- **Butter für die Form**
- **Karlsbader Oblaten oder Waffelplatten**
- **eingeweckte, abgetropfte Früchte**
- **Puderzucker zum Bestäuben**

Die Milch erhitzen. Zucker, Butter, Salz und zum Schluß den Grieß hineinrühren und unter öfterem Rühren ca. 10 Minuten quellen lassen. Ausgekühlt einzeln die Eigelbe untermengen, zuletzt die zu steifem Schnee geschlagenen Eiweiße unterheben. Eine feuerfeste Form gut ausbuttern, die Hälfte der Masse einfüllen, mit den Oblaten oder Waffelblättern und diese mit den abgetropfen Früchten belegen. Schnell arbeiten, denn die Oblaten weichen leicht durch. Mit der restlichen Masse abdecken und die Oberfläche glattstreichen. Im vorgeheizten Rohr bei 180°C in ca. 45 Minuten goldgelb backen. Mit Puderzucker bestäubt servieren.

## Quarkauflauf

BANAT

***100 g Butter***
***100 g Zucker***
***5 Eier, getrennt***
***1 Prise Salz***
***etwas abgeriebene Schale von unbehandelter Zitrone***
***130 g trockener, fein zerdrückter Topfen (Quark)***
***Butter für die Form***
***Puderzucker und 1/2 Päckchen Vanillinzucker zum Bestäuben***

Die Butter schaumig rühren. Nach und nach den Zucker zufügen und mit den Eigelben dickcremig aufschlagen. Salz, Zitronenschale und den Topfen dazugeben und alles gut miteinander vermengen. Zuletzt die zu steifem Schnee geschlagenen Eiweiße unterheben. Eine feuerfeste Form gut ausbuttern und die Masse einfüllen. Im vorgeheizten Rohr bei 180°C in ca. 45 Minuten goldgelb backen. Puder- und Vanillinzucker vermischen und damit den Auflauf bestäuben.

## Reisauflauf mit Aprikosen

BUDAPEST

***250 g Milchreis***
***3/4 l Milch***
***1 Prise Salz***
***2 EL Butter***
***1 EL Zucker***
***3 Eier, getrennt***
***etwas abgeriebene Schale von unbehandelter Zitrone***
***500 g reife, enthäutete, halbierte Aprikosen***
***Butter und Semmelbrösel für die Form***
***50 g Puderzucker***

Den Reis kurz in kaltem Wasser waschen. Die Milch mit Salz zum Kochen bringen, den Reis zufügen und langsam weich kochen. Ausquellen und erkalten lassen. Die Butter mit Zucker und den Eigelben schaumig rühren. Zusammen mit der Zitronenschale unter den völlig ausgekühlten Reis mischen. Zuletzt die zu steifem Schnee geschlagenen Eiweiße unterheben. Eine längliche, feuerfeste Form gut ausbuttern und mit Semmelbröseln bestreuen. Die Hälfte der Reismasse einfüllen, die Aprikosenhälften darauf verteilen und mit Puderzucker bestreuen. Mit der restlichen Reismasse abdecken. Im vorgeheizten Rohr bei 180°C in ca. 45 Minuten backen.

## Reiskoch

WIEN

***100 g Milchreis***
***1/2 l Milch***
***70 g Butter***
***4 Eier, getrennt***
***70 g Zucker***
***1 Prise abgeriebene Schale von unbehandelter Zitrone***
***Butter für die Form***

Den Reis kurz in kaltem Wasser waschen. Die Milch zum Kochen bringen, den Reis einrühren und langsam weich kochen. Ausquellen und abkühlen lassen. Die Butter schaumig rühren. Nach und nach die Eigelbe, Zucker und Zitronenschale zufügen und dickcremig aufschlagen. Zu dem völlig ausgekühlten Reis geben und beides gut miteinander vermengen. Eiweiß steif schlagen und unterheben. Eine feuerfeste Form gut ausbuttern und die Reismasse einfüllen. Im vorgeheizten Rohr bei 180°C in ca. 45 Minuten goldgelb backen. Mit Kompott servieren.

# Kirschauflauf

Kroatien

***5 Eier, getrennt***
***4 EL Zucker***
***etwas abgeriebene Schale und Saft von 1/2 unbehandelten Zitrone***
***4 EL Mehl***
***2 Messerspitzen Backpulver***
***Butter für die Form***
***entkernte Kirschen zum Belegen***
***Puderzucker zum Bestäuben***

Die Eigelbe mit Zucker, Zitronenschale und -saft schaumig rühren. Mehl und Backpulver unterrühren, zuletzt die zu steifem Schnee geschlagenen Eiweiße unterheben. Eine Auflaufform gut ausbuttern, die Masse einfüllen und reihenweise schön mit den Kirschen belegen. Im vorgeheizten Rohr bei 190°C ca. 30–35 Minuten backen. Mit Puderzucker bestäuben.

# Kirschauflauf mit Reis

Wien

***250 g Milchreis***
***1/2 l Milch***
***3 EL guter Weißwein***
***1 EL Butter***
***4 EL Zucker***
***50 g Rosinen***
***3 Eier, getrennt***
***1 TL Backpulver***
***Butter und Semmelbrösel für das Backblech***
***500 g schwarze Herzkirschen oder süße Weichseln (spanische Schattenmorellen)***
***Puderzucker zum Bestäuben***

Den gewaschenen Reis in Milch und Weißwein weichkochen und auskühlen lassen. Butter und Zucker, Rosinen, verklöppelte Eigelbe und Backpulver gut einmischen. Zuletzt die zu steifem Schnee geschlagenen Eiweiße unterheben. Ein Backblech ausbuttern, leicht mit Semmelbröseln bestreuen und die Reismasse daraufstreichen. Mit den entkernten Kirschen belegen, evtl. etwas zuckern. Im vorgeheizten Rohr bei 175°C in ca. 45 Minuten goldgelb backen. Mit Puderzucker bestäuben.

# Pfarrers Topfenauflauf

Böhmen

***50 g Butter***
***6 EL Zucker***
***2 Eier, getrennt***
***200 g trockener Topfen (Quark)***
***200 g gekochte, geriebene Kartoffeln***
***50 g Rosinen oder geschälte, feingeschnittene Äpfel***
***Butter und Semmelbrösel für die Form***

Die Butter mit dem Zucker schaumig rühren, die Eigelbe gut untermischen. Den Topfen mit den Kartoffeln zusammenmengen, zur Schaummasse geben und alles zusammen mit den Rosinen bzw. Äpfeln verkneten. Zuletzt die zu steifem Schnee geschlagenen Eiweiße unterheben. Eine Auflaufform gut ausbuttern, leicht mit Bröseln bestreuen und den Teig einfüllen. Im vorgeheizten Rohr bei 180°C ca. 45 Minuten backen.

## Professorspeise für Kranke

Böhmen
100 Jahre altes Rezept

**4 Eier, getrennt**
**2 EL Zucker, 2 EL Mehl**
**8 Tropfen Zitronensaft**
**15 Tropfen Rum**
**Butter für die Form**

Die Eigelbe mit dem Zucker schaumig rühren. Nach und nach das Mehl und die Flüssigkeiten dazugeben. Zuletzt die zu steifem Schnee geschlagenen Eiweiße unterheben. In eine ausgebutterte Form füllen und im vorgeheizten Rohr bei 180°C (ähnlich wie Biskuit) ca. 15 Minuten backen.

## Wienerkoch

Schlesisch

**$^{1}/_{4}$ l Milch**
**90 g Zucker**
**1 Päckchen Vanillinzucker**
**70 g Butter**
**6 Eier, getrennt**
**1 EL Mehl**
**Butter für die Form**
**Puderzucker zum Bestäuben**

Die Milch erwärmen. Langsam Zucker, Vanillinzucker, Butter, die verquirlten Eigelbe und das Mehl einrühren. Diese Masse bei schwacher Hitze unter ständigem Rühren dick kochen. Von der Herdstelle nehmen und kalt rühren. Zuletzt die zu steifem Schnee geschlagenen Eiweiße unterheben. Eine feuerfeste Form gut ausbuttern, die Masse einfüllen. Im vorgeheizten Rohr bei 180°C in ca. 45 Minuten goldgelb backen. Mit Puderzucker bestäubt servieren.

# PUDDINGS

## Haselnußpudding

Wien

**5 Eier, getrennt**
**140 g Zucker**
**140 g gemahlene Haselnüsse**
**30 g Semmelbrösel**
**etwas Rum oder Arrak**
**Butter für die Form**

Die Eigelbe mit dem Zucker schaumig rühren. Nüsse und Semmelbrösel unterrühren, ebenso den Rum bzw. Arrak. Zuletzt das zu steifem Schnee geschlagene Eiweiß unterheben. Eine Puddingform gut ausbuttern und die Masse bis zu $^{3}/_{4}$ der Formhöhe einfüllen. Die geschlossene Form bis ca. 1 Handbreit unter den Rand in ein kochendes Wasserbad stellen, den Pudding in ca. 60 Minuten garen. Der Pudding kann auch in einer gut ausgebutterten Tortenform bei 180°C Mittelhitze in ca. 45 Minuten im Rohr gebacken werden. Den Pudding stürzen und mit einer Fruchtsoße servieren.

## Mandelpudding

Ungarn, Dalmatien, Kroatien, Wien

**6 Eier, getrennt**
**100 g Zucker**
**50 g feingeriebene Kipferl- oder Semmelbrösel**
**abgeriebene Schale von $^{1}/_{2}$ unbehandelten Zitrone**
**250 g geschälte, gemahlene Mandeln**
**Butter für die Form**

Die Eigelbe mit dem Zucker sehr schaumig rühren, dann löffelweise die Brösel dazugeben, ebenso die Zitronenschale und die Mandeln. Zuletzt die zu steifem Schnee geschlagenen Eiweiße unterheben. Eine Puddingform gut ausbuttern und die Masse einfüllen. Die Form darf nicht ganz voll sein, da die Masse aufquillt. Die geschlossene Form bis ca. 1 Handbreit unter dem Rand in ein kochendes Wasserbad stellen und in ca. 60 Minuten garen. Den Pudding stürzen und mit einer Fruchtsoße servieren.

# Schokoladenpudding

Wien

**8 Eier, getrennt**
**180 g Zucker**
**200 g feingemahlene Mandeln**
**abgeriebene Schale von 1/2 unbehandelten Zitrone**
**1 gehäufter EL feingehacktes Orangeat**
**1 gehäufter EL feingehacktes Zitronat**
**50 g geriebene Schokolade**
**20 g geriebenes Schwarzbrot (notfalls Semmelbrösel)**
**Butter und Brösel für die Form**

Die Eigelbe mit dem Zucker flaumig abrühren. Mandeln, Zitronenschale, Orangeat, Zitronat, Schokolade und die Brotbrösel dazugeben und gut zusammenmengen. Zuletzt die zu steifem Schnee geschlagenen Eiweiße unterheben. Eine Puddingform gut ausbuttern, mit Bröseln bestreuen und die Masse einfüllen. Die Form schließen und im vorgeheizten Rohr bei 180°C in 60 Minuten gar backen. Der Pudding kann auch im Wasserbad gekocht werden. Die Form darf nicht ganz voll sein, da der Teig aufquillt. Den gestürzten Pudding mit Weinchaudeau (Seite 81) oder -creme (Seite 119) servieren.

# Kastanienpudding I

Wien

**100 g Zucker**
**100 g Butter**
**4 große Eier, getrennt**
**3 EL süßer Rahm**
**2 EL Rum**
**50 g feine Semmelbrösel**
**500 g gebratene, geschälte, gemahlene Kastanien (Maroni)**
**Butter für die Form**

Den Zucker mit der Butter und den Eigelben schaumig rühren. Sahne, Rum und Semmelbrösel dazugeben und gut verrühren. Zuletzt die Kastanien untermengen und die zu steifem Schnee geschlagenen Eiweiße unterheben. Eine Puddingform gut ausbuttern und die Masse einfüllen. Die Form schließen, bis ca. 1 Handbreit unter dem Rand in ein kochendes Wasserbad stellen und in ca. 60 Minuten garen. Den Pudding stürzen und mit Weinchaudeau (Seite 81) oder Vanillesoße und Schlagsahne servieren.

# Kastanienpudding II

Ungarn

**1/4 l Milch**
**1 aufgeschlitzte Vanilleschote**
**100 g Zucker**
**1 feingeschnittene Semmel**
**250 g gekochte, geschälte, zerkleinerte Kastanien (Maroni)**
**30 g Butter**
**5 Eier, getrennt**
**2 EL süßer Rahm**
**Butter für die Form**

Die Milch mit der Vanilleschote, der halben Menge Zucker, der Semmel und den Kastanien aufkochen, dann durchpassieren. Die Butter mit dem restlichen Zucker und den Eigelben schaumig rühren, die Sahne zufügen und auf dem Herd unter ständigem Rühren dick schaumig kochen. Die Vanilleschote aus der Kastanienmilch fischen, die Milch zum Eigelbschaum geben, nochmals aufkochen und auskühlen lassen. Die zu steifem Schnee geschlagenen Eiweiße unterheben. Eine Tortenform gut ausbuttern, die Masse einfüllen und bei 180°C ca. 45 Minuten backen. Mit Weinchaudeau (Seite 81) oder Vanillesoße servieren.

## Nußpudding

Österreich

***125 g Butter***
***3 Eier, getrennt***
***etwas abgeriebene Schale von unbehandelter Zitrone***
***1 Päckchen Vanillinzucker***
***125 g Zucker***
***1 Päckchen Backpulver***
***1 Prise Salz***
***375 g feines Mehl***
***1/4 l Milch***
***75 g gemahlene Nüsse***
***Butter und Mehl für die Form***

Die Butter mit den Eigelben schaumig rühren. Zitronenschale, Vanillinzucker und Zucker zugeben und dickschaumig rühren. Backpulver, Salz und Mehl in die Milch sieben, gut vermischen und zur Eigelbmasse rühren. Zuletzt die Nüsse und die zu steifem Schnee geschlagenen Eiweiße vorsichtig unterheben. Eine Puddingform gut ausbuttern, bemehlen und die Masse einfüllen. Die geschlossene Form bis ca. 1 Handbreit unter den Rand in ein kochendes Wasserbad stellen und in ca. 60 Minuten garen. Den Pudding stürzen und mit Schokoladensoße oder Kompott servieren.

## Erdbeerpudding

(Foto Seite 91)

Budapest

***250 g reife, gewaschene Erdbeeren***
***1/8 l süßer Rot- oder Weißwein***
***8 Eigelb***
***250 g feingeriebener Biskuit***
***50 g Zucker***
***2 Messerspitzen Zimt***
***Butter für die Form***
***rot-weißer Zucker zum Bestreuen***

Die gut abgetropften Erdbeeren durch ein Sieb drücken. Den Wein mit dem Eigelb verrühren. Die Biskuitbrösel, Zucker, Zimt und das Erdbeermus dazugeben, alles gut miteinander vermengen. Die Masse in eine gut ausgebutterte Puddingform einfüllen und die Form schließen. Im vorgeheizten Rohr bei 180°C ca. 45 Minuten backen. Den Pudding stürzen und, mit Zucker bestreut, servieren.

## Mohr im Hemd

Österreich

***70 g Butter***
***4 Eier, getrennt***
***70 g Zucker***
***70 g geriebene Schokolade***
***70 g gemahlene Mandeln***
***Butter und Mehl für die Form***

***VANILLESCHAUM***
***1/2 aufgeschlitzte Vanilleschote***
***100 g Zucker, 3 EL Wasser***
***2 Eier***

Die Butter schaumig rühren. Die Eigelbe einzeln zufügen und abwechselnd mit dem Zucker dickschaumig rühren. Schokolade und Mandeln unterrühren, zuletzt die zu steifem Schnee geschlagenen Eiweiße unterheben. Eine Puddingform gut ausbuttern, bemehlen und die Masse einfüllen. Die geschlossene Form bis ca. 1 Handbreit unter dem Rand in ein kochendes Wasserbad stellen und in ca. 60 Minuten garen. Den Pudding stürzen und mit Vanilleschaum servieren. Für den Vanilleschaum die Vanilleschote mit dem Zucker und dem Wasser kochen, bis der Zucker anfängt zu »spinnen« (Fäden zu ziehen). Die Vanilleschote entfernen. Die Eier schaumig rühren, ganz langsam die heiße Zuckermischung einmengen, nicht mehr kochen.

## »SÜSSE TRADITIONEN«

# Hefedampfnudeln

Im ganzen Land

***1 kg Mehl***
***6 EL lauwarme Milch***
***40 g Hefe***
***2 EL Zucker***
***2 EL zerlassene Butter***
***3 Eier***
***etwas Salz***

***FÜR DIE BRATREINE***
***Butter***
***3/4 l Milch***
***1 Päckchen Vanillinzucker***
***1 EL Zucker***

Das Mehl in eine Schüssel sieben, in die Mitte eine Vertiefung drükken. Von der Milch 3–4 EL abnehmen und darin in einer Tasse die Hefe mit dem Zucker auflösen, anschließend in die Mehlmulde schütten. Mit etwas Mehl bestreuen, die Schüssel mit einem Tuch abdecken und das Dampferl an einem warmen Ort aufgehen lassen. Wenn das Dampferl etwa das Doppelte seines Volumens erreicht hat, die restlichen Zutaten zugeben und gut abschlagen, bis sich der Teig vom Schüsselrand löst. Erneut zugedeckt aufgehen lassen, bis der Teig wieder etwa das doppelte Volumen erreicht hat. Noch einmal durchkneten, dann auf ein bemehltes Arbeitsbrett stürzen. In hühnereigroße Stücke schneiden, diese auf bemehlten Händen rund formen und nochmals zugedeckt 45 Minuten gehen lassen.
Eine eiserne Bratreine oder Auflaufform gut ausbuttern, die Milch leicht darin erwärmen und mit dem Vanillinzucker und Zucker vermischen. Die Nudeln nicht zu eng hineinsetzen, abdecken und den Rand vorsorglich mit einem nassen Tuch umwinden. Im vorgeheizten Rohr bei 170°C ca. 30 Minuten backen, sie sollen unten goldgelb sein. Am besten gleich in der Bratreine servieren, damit die Nudeln nicht zusammenfallen, oder auf eine Platte stürzen.
Zu den Dampfnudeln Hagebutten- oder Vanillesoße, evtl. auch Zwetschgenkompott servieren.

# Grießkotelett

Ungarn

***100 g Grieß***
***1/2 l Salzwasser***
***2 EL zerlassene Butter***
***3 Eier***
***2 gehäufte EL Semmelbrösel oder Mehl***
***Semmelbrösel für das Brett***
***Fett zum Ausbacken***

Den Grieß in Salzwasser weich und dick kochen und auskühlen lassen. Butter, Eier und Semmelbrösel bzw. Mehl dazugeben und gut vermengen. Ein Brett mit Semmelbröseln bestreuen, darauf aus dem Grießteig Koteletts formen und diese im heißen Fett goldgelb ausbacken. Mit süßsaurem Kürbis oder Kompott servieren. Sehr empfehlenswert ist auch Stachelbeersoße.

## Mohn-Bobajka

SLOWAKEI

***300 g Mehl***
***¼ l lauwarme Milch***
***20 g Hefe***
***1 Prise Zucker***
***1 Ei***
***2 Eigelb***
***1 Prise Salz***
***etwas Fett***
***250 g feingemahlener Mohn***
***100 g Honig***

Das Mehl in eine Schüssel sieben. Von der Milch 3–4 EL abnehmen und darin in einer Tasse die Hefe mit dem Zucker auflösen. Die angerührte Hefe mit dem Ei, den Eigelben und dem Salz zum Mehl geben und einen glatten Teig arbeiten, dabei so lange schlagen, bis sich der Teig vom Schüsselrand löst. Den Teig zugedeckt an einem warmen Ort aufgehen lassen, er soll etwa das Doppelte seines Volumens erreichen.

Anschließend auf einem bemehlten Brett fingerlange, daumendicke Nudeln formen, auf ein nicht gefettetes, leicht bemehltes Backblech legen und nochmal, mit einem Tuch bedeckt, aufgehen lassen. Im vorgeheizten Rohr bei 180°C in ca. 20 Minuten hellgelb backen. Aus dem Rohr nehmen und kurz mit heißem Wasser überbrühen. Die Nudeln dürfen, obwohl sie weich sind, nicht zerfallen. In einem Sieb abtropfen lassen. In einem Topf Fett erhitzen und die Nudeln hineinlegen. Den Mohn in der restlichen Milch aufkochen und vorsichtig mit dem Honig unter das Gericht mischen.

## Besoffene

BANAT

***6 altbackene Semmeln***
***¼ l guter Weißwein***
***Aprikosenkonfitüre***
***3 Eier***
***Butter zum Ausbacken***
***Puderzucker und etwas Zimt zum Bestäuben***

Die Semmeln in ca. 1½ cm breite Scheiben schneiden und kurz in den Wein tauchen. Je zwei Semmelscheiben mit Konfitüre zusammensetzen und durch die verschlagenen Eier ziehen. In der heißen Butter von beiden Seiten goldgelb ausbacken.

Den Puderzucker mit dem Zimt vermischen und damit die Besoffenen bestäuben.

## Versoffene Jungfern

100 JAHRE ALTES REZEPT
BÖHMEN

***4 EL Zucker***
***4 Eier, getrennt***
***4 EL Mehl***
***Schmalz zum Ausbacken***
***2–3 EL Weißwein***
***Zucker, Zimt und Nelken zum Würzen***

Den Zucker mit den Eigelben schaumig rühren. Nach und nach das Mehl dazugeben, zuletzt die zu steifem Schnee geschlagenen Eiweiße unterheben. Reichlich Schmalz in einer tieferen Pfanne erhitzen. Mit Hilfe von zwei Teelöffeln Nockerl abstechen und in das heiße Schmalz legen, von allen Seiten goldgelb backen. Mit einem Seihlöffel herausheben und in eine Schüssel geben. Den erwärmten Wein, mit Zucker, Zimt und Nelken gewürzt, darübergießen. Die Nockerl sollen nicht in der Flüssigkeit schwimmen.

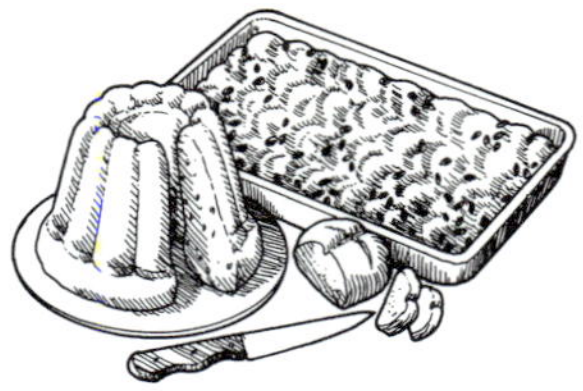

## Salzburger Nockerl I

***100 g Mehl***
***3 1/2 EL Milch***
***50 g Butter***
***8 Eier, getrennt***
***1 Prise Salz***
***1 EL Vanillinzucker***
***1 1/2 l Milch zum Kochen***

***CREME***
***100 g Butter***
***7 Eier, getrennt***
***70 g Zucker***
***1/2 Päckchen Vanillinzucker***

***Butter für die Form***

Das Mehl in einen Topf sieben und gut mit der Milch verrühren. Die Butter hinzufügen und unter ständigem Rühren aufkochen lassen. Von der Herdstelle nehmen und auskühlen lassen. Einzeln die Eigelbe einrühren, Salz und Vanillinzucker zufügen. Zuletzt die zu steifem Schnee geschlagenen Eiweiße unterheben. Die Milch zum Kochen bringen und mit Hilfe von zwei Eßlöffeln gleichmäßig große Nockerl einlegen. Immer nur wenige, da sie sehr stark aufgehen. Von jeder Seite 1 1/2 Minuten garziehen lassen. Mit dem Schaumlöffel herausnehmen und in einem Sieb abtropfen lassen.

Für die Creme die Butter schaumig rühren. Einzeln die Eigelbe zufügen und mit je etwas Zucker und Vanillinzucker dickschaumig rühren. Zuletzt die zu steifem Schnee geschlagenen Eiweiße vorsichtig unterheben.
Eine feuerfeste Form gut ausbuttern, die Hälfte der Creme einfüllen, darauf die Nockerl setzen und darüber die restliche Creme füllen. Im vorgeheizten Rohr bei 180°C in ca. 30 Minuten goldgelb backen.

## Salzburger Nockerl II

***50 g Puderzucker***
***30 g Butter***
***3 Eier, getrennt***
***1 TL Speisestärke***
***1 gehäufter EL Butter***
***Puderzucker mit etwas Vanillinzucker zum Bestäuben***

Den Puderzucker mit der Butter schaumig rühren. Einzeln die Eigelbe und die Speisestärke dazugeben. Zuletzt die zu steifem Schnee geschlagenen Eiweiße vorsichtig unterheben. In einer feuerfesten Auflaufform oder einer schweren Pfanne die Butter erhitzen, mit einer Teigkarte oder mit Hilfe von zwei Eßlöffeln gleichmäßig große Nockerl nebeneinander hineinsetzen. Im vorgeheizten Backrohr bei 180°C in 8–10 Minuten hellgelb backen; die Nockerl sollen schaumig bleiben. Reichlich mit Puderzucker bestäuben.

## Salzburger Nockerl III

***20 g Butter***
***60 g Mehl***
***1½ EL Milch***
***4 Eier, getrennt***
***2 EL Zucker***
***1 Päckchen Vanillinzucker***
***1 Prise Salz***
***1 l Milch zum Kochen***

***CREME***
***60 g Butter***
***4 Eier, getrennt***
***4 EL Zucker***
***1 TL Mehl***

***Butter für die Form***

Die Butter erhitzen. Das Mehl hineinrühren, zischen lassen und mit der Milch ablöschen. Von der Herdstelle nehmen und auskühlen lassen. Einzeln die Eigelbe zufügen und mit Zucker und Salz glatt einrühren. Zuletzt die zu steifem Schnee geschlagenen Eiweiße unterheben. Die Milch zum Kochen bringen und mit Hilfe von zwei Eßlöffeln gleichmäßig große Nockerl einlegen. Diese aufsteigen lassen, wenden, wieder aufsteigen lassen, dann mit dem Schaumlöffel herausnehmen und zum Abtropfen in ein Sieb legen.

Für die Creme die Butter schaumig rühren. Nacheinander mit den Eigelben, dem Zucker und dem Mehl cremig schlagen. Zuletzt die zu steifem Schnee geschlagenen Eiweiße vorsichtig unterheben. Eine feuerfeste Form gut ausbuttern, die Hälfte der Creme einfüllen, darauf die Nockerl setzen und darüber die restliche Creme füllen. Im vorgeheizten Rohr bei 180°C in ca. 30 Minuten goldgelb backen.

## Apfelspeise

BÖHMEN

***15 gute, mittelgroße Äpfel***
***eingeweckte, abgetropfte Sauerkirschen oder Aprikosen***
***Butter für die Form***
***3 Eier***
***4 EL Zucker***
***3 EL Mehl***
***¼ l Milch***
***1 Prise Salz***

Die Äpfel schälen, einen Deckel abschneiden und das Kernhaus ausstechen. Mit dem gut abgetupften, kleingeschnittenen Obst füllen und mit den Deckeln verschließen. Schön nebeneinander in eine gut ausgebutterte, feuerfeste Form setzen. Die Eier mit dem Zucker, dem Mehl, der Milch und dem Salz glattrühren und über die Äpfel gießen. Im vorgeheizten Rohr bei 175°C ca. 30 Minuten backen.

## Apfelmehlspeise aus Baden

UM 1800

***210 g Mehl***
***140 g Butter***
***3 Eigelb***
***1 Prise Salz***
***Butter für das Backblech***
***feste Apfelkonfitüre zum Füllen***
***Ei oder Rahm zum Bestreichen***
***Puderzucker zum Bestäuben***

Das Mehl auf ein Brett sieben. Die Butter in kleinen Stücken auf dem Mehl verteilen und zusammen mit den Eigelben und dem Salz gut einarbeiten. Den Teig teilen. Eine Hälfte messerrückendick auswalken und auf dem gut gefetteten Blech im vorgeheizten Rohr bei 175°C ca. 10 Minuten halb ausbacken. Mit der Konfitüre bestreichen und mit der gleich groß ausgewalkten zweiten Teighälfte abdecken. Die Teigfläche mit dem verquirlten Ei bzw. Rahm bestrei-

chen und die Speise in weiteren 15 Minuten fertigbacken. Mit Puderzucker bestäuben.

**_Variante_**

120 Jahre altes Rezept:

Den Teig zubereiten und backen wie oben, jedoch mit Apfelmus füllen und die Teigfläche nicht mit Ei bzw. Rahm bestreichen. Die fertige Speise mit Zimtzucker bestreuen.

# Apfelmandel

BANAT

**_5 altbackene Semmeln_**
**_1/2 l Milch_**
**_Butter für das Backblech_**
**_5 mittelgroße Äpfel_**
**_100 g Zucker_**
**_etwas Zimt_**
**_40 g Rosinen_**
**_3 Eier_**
**_Puderzucker zum Bestäuben_**

Die Semmeln in gleichmäßige, ca. 1 cm dicke Scheiben schneiden. Kurz in die Milch tauchen und die halbe Menge schön nebeneinander auf das gut ausgebutterte Backblech legen. Die Äpfel schälen, entkernen, fein schneiden und auf den Semmelscheiben verteilen. Zucker, Zimt und Rosinen vermischen und gleichmäßig über die Äpfel streuen. Diese mit den restlichen Semmelscheiben abdecken. Die Eier mit der übriggebliebenen Milch verquirlen und die Apfelmandel damit übergießen. Im vorgeheizten Rohr bei 180°C ca. 40 Minuten backen. Mit Puderzucker bestäubt servieren.

APFELMANDEL

# Dampfbuchterl

SLAWONIEN

**250 g Mehl**
**1/8 l lauwarme Milch**
**10 g Hefe**
**50 g Zucker**
**50 g Butter**
**2 Eigelb**
**etwas Salz**
**Butter und Milch für die Pfanne**
**flüssige Butter zum Bestreichen**

**VANILLESOSSE**
**6 EL kalte Milch**
**20 g Zucker**
**2 Eigelb**
**1 gehäufter TL Speisestärke**
**1 Päckchen Vanillinzucker oder ausgeschabtes Mark von 1/2 Vanilleschote**
**1/4 l kochende Milch**

Das Mehl in eine Schüssel sieben, in die Mitte eine Vertiefung drükken. Von der Milch 2 EL abnehmen, in einer Tasse die Hefe mit 2 TL Zucker darin auflösen und anschließend in die Mehlmulde schütten. Mit etwas Mehl bestreuen, die Schüssel mit einem Tuch abdecken und das Dampferl an einem warmen Ort aufgehen lassen. Die restlichen Zutaten zugeben und gut abschlagen, bis sich der Teig vom Schüsselrand löst. Erneut aufgehen lassen, bis der Teig etwa das doppelte Volumen erreicht hat. Noch einmal durchkneten, dann auf ein bemehltes Brett stürzen. Gleichmäßige Stücke abschneiden, mit bemehlten Händen rund formen und in die gut ausgebutterte Pfanne, die ca. 1/2 cm hoch mit Milch bedeckt ist, setzen. Zwischen die einzelnen Buchterl flüssige Butter streichen, damit sie nicht zusammenkleben. Nochmals aufgehen lassen und im vorgeheizten Rohr bei 190°C in ca. 30 Minuten hellgelb backen. Für die Vanillesoße in die kalte Milch Zucker, Eigelb, Speisestärke und Vanille einrühren. Diese Mischung in die kochende Milch gießen und unter ständigem Rühren aufkochen lassen. Die Buchterl stürzen und mit der Vanillesoße servieren.

# Feine Buchteln

BÖHMEN

**20 g Hefe**
**1/8 l lauwarme Milch**
**50 g Zucker**
**70 g Butter**
**2 Eigelb**
**250 g Mehl**
**flüssige Butter zum Tauchen**

Die Hefe in 2 EL Milch mit 2 TL Zucker auflösen. Die Butter mit dem restlichen Zucker und den Eigelben schaumig rühren. Mit der Hefe, der restlichen Milch und dem Mehl zu einem glatten Teig abschlagen. Die Schüssel mit einem Tuch abdecken und den Teig an einem warmen Ort aufgehen lassen, bis er etwa das doppelte Volumen erreicht hat. Noch einmal durchkneten, dann auf bemehlter Arbeitsfläche ca. 2 cm dick auswalken und in 5 x 7 cm große Vierecke schneiden. In die Mitte 1 TL Füllung (siehe unten) geben, zusammenklappen, gut schließen, leicht in flüssige Butter tauchen und nochmals aufgehen lassen. In eine ausgebutterte Bratreine geben und im vorgeheizten Rohr bei 180°C in 35 Minuten goldgelb backen.

***Variationen für die Füllung***

**1.** Festes Zwetschgenmus oder passierte Datteln mit etwas Zucker, etwas abgeriebener Zitronenschale und -saft und einer Prise Zimt vermischen.

**2.** 150 g trockenen, passierten Quark, 1 Eigelb, 1 EL Butter, 1 EL Zucker, 1 EL Weinbeeren und 1 Prise Zitronenschale gut verrühren.

**3.** 150 g feingemahlenen Mohn in 1/4 l Milch gut durchkochen, Zucker oder Honig, Zimt und abgeriebene Zitronenschale untermengen.

**4.** 150 g gemahlene Haselnüsse in 1/8 l Milch aufkochen, 2 EL Zucker, 1 Prise Zimt und abgeriebene Zitronenschale untermengen.

FEINE BUCHTELN

## Reis mit gefüllten Äpfeln

WIEN

***500 g Milchreis***
***1 1/2 l Vollmilch***
***5 EL Zucker***
***3 EL Butter***
***4 Eier, getrennt***
***abgeriebene Schale von 1/2 unbehandelten Zitrone***
***Butter und Semmelbrösel für das Backblech***
***12 gute Kochäpfel***
***Hagebuttenmark zum Füllen***
***Zucker zum Bestreuen***

Den Reis in der Milch weich kochen (wie Milchreis, Seite 42). Den Zucker mit der Butter und den Eigelben schaumig rühren und unter den ausgekühlten Reis mischen. Die zu steifem Schnee geschlagenen Eiweiße und Zitronenschale unterheben. Ein Backblech buttern und leicht mit Semmelbröseln bestreuen. Den Reisteig gleichmäßig aufstreichen.
Die Äpfel schälen, einen Deckel abschneiden, das Kernhaus ausstechen und reihenweise auf den Reis setzen. Die Höhlung der Äpfel mit Hagebuttenmark füllen und die Deckel wieder aufsetzen. Mit Zucker bestreuen. Im vorgeheizten Rohr bei 175°C in ca. 75 Minuten goldgelb backen.

## Semmelspeise mit Wein

BÖHMEN

***6 altbackene Semmeln***
***1/2 l Milch***
***3 Eier***
***2 EL Zucker***
***2 EL Milch***
***1 Prise Salz***
***50 g Butter zum Ausbacken***
***1/4 l guter Weißwein***
***ca. 1 TL Zucker und Zimt***

Die Semmeln in ca. 1 1/2 cm dicke Scheiben schneiden. In die kalte Milch tauchen und ca. 15 Minuten durchziehen lassen. Die Eier mit dem Zucker, den 2 EL Milch und dem Salz verquirlen. Die auf einem Sieb gut abgetropften Semmelscheiben darin wenden und in der heißen Butter von beiden Seiten goldgelb ausbacken. Auf einer tieferen Platte anrichten.
Den Wein mit Zucker und Zimt abschmecken, zum Kochen bringen und über die Semmelscheiben gießen. Sofort servieren, da sie sonst zu weich werden.

## Zitronenkoch

WIEN

***6 Eier***
***6 gehäufte EL Zucker***
***2 EL Mehl***
***2 gestrichene EL feine Semmelbrösel***
***abgeriebene Schale von 1 unbehandelten Zitrone***
***Saft von 2 Zitronen***
***Butter und Mehl für die Form***

***WEINSCHAUM***
***6 Eigelb***
***6 EL Zucker***
***1/4 l Weißwein***

Die Eier mit dem Zucker steif schlagen. Das Mehl und die Brösel dazurühren, zuletzt Zitronenschale und -saft untermischen. Eine Puddingform gut ausfetten und bemehlen, die Masse einfüllen und die Form schließen. Bis zur Hälfte in kochendes Wasser stellen und bei 170°C im vorgeheizten Rohr ca. 45 Minuten garen. Der Teig reißt während der Backzeit auf.
Für den Weinschaum die angegebenen Zutaten auf dem heißen, aber nicht kochenden Wasserbad unter Rühren dickschaumig aufschlagen. Den auf eine vorgewärmte Platte gestürzten Koch damit begießen.

## Spanische Äpfel

Budapest

***1 kg kleinere Äpfel***
***1/4 l guter Weißwein***
***370 g Zucker***
***60 g gestiftelte Mandeln***
***2 Päckchen Vanillinzucker***
***5 Eigelb***
***1 EL guter Rum***
***1/4 l süßer Rahm***
***Konfitüre zum Füllen***

Die Äpfel schälen und das Kernhaus ausstechen. Den Wein mit 250 g Zucker erhitzen und die Äpfel so vorsichtig darin weich kochen, daß sie ganz bleiben. Etwas abkühlen lassen. Mit den Mandeln so bespicken, daß sie aussehen wie kleine Igel.
Den restlichen Zucker mit dem Vanillinzucker und den Eigelben schaumig rühren, den Rum dazugeben und die steifgeschlagene Sahne unterheben. Die Äpfel auf eine tiefe Platte setzen, in die Höhlungen etwas Konfitüre füllen und mit der Creme überziehen. Sehr kalt servieren.

***Variante Bratäpfel:***
Äpfel statt mit Creme mit einer Mischung aus gehackten Mandeln, Rosinen, Konfitüre, Zimt und Nelken füllen.

Bratäpfel

## Gebackener Reis mit Wein

Budapest

***250 g Milchreis***
***1/2 l Milch***
***3 EL guter Weißwein***
***1 EL Butter***
***4 EL Zucker***
***50 g Rosinen***
***3 Eier, getrennt***
***1 TL Backpulver***
***Butter und Semmelbrösel für das Backblech***
***heißer, gezuckerter Weißwein zum Übergießen***

Den Reis in Milch und Weißwein weich dämpfen (wie Milchreis, Seite 42). Butter und Zucker schaumig rühren, die Rosinen, die verklöppelten Eigelbe, das Backpulver und den ausgekühlten Reis gut einmischen. Zuletzt die zu steifem Schnee geschlagenen Eiweiße unterheben. Die Masse gleichmäßig auf ein gebuttertes und leicht ausgebröseltes Backblech streichen. Im vorgeheizten Rohr bei 175°C in ca. 45 Minuten goldgelb backen. Vor dem Servieren mit dem heißen Weißwein übergießen oder diesen separat reichen (falls Kinder mitessen).

# Cremes und Cremespeisen, Kompotte

Cremes sind eine besonders feine Nachspeise. Die Zubereitung erfolgt oft ohne Gelatine, Mehl oder Speisestärke. Falls doch Gelatine verwendet wird, weicht man sie vorher in kaltem Wasser ein, drückt sie aus und verrührt sie gleichmäßig in der heißen Creme. Da man die Cremes nicht wie Pudding stürzen kann, werden sie nach der Fertigstellung portionsweise in schöne Gläser verteilt. Gut ausgekühlt ist die Creme, oft mit Schlagsahne und Früchten gereicht, die Krönung eines Festmahles.

Die weiten, fruchtbaren Ebenen des Donauraumes und die günstigen klimatischen Bedingungen waren nicht nur ideal für den Anbau von Weizen, Mais und den herrlichsten Gemüsesorten, sondern auch für wundervolles, sonnengereiftes Obst, das der eigene Garten lieferte. Frisch geerntet, bereitete man daraus Kompotte zu.

Während der ganzen Sommermonate wurde das Obst ganz nach den jeweiligen Erntezeiten eingeweckt. »Das Dunst« füllte nach und nach die Regale in der »Speis´« und war im Winter, ebenso wie die Kompotte im Sommer, ein wichtiger Bestandteil der Ernährung von Kranken und Kindern.

# CREMES UND CREMESPEISEN

## Russische Creme

BUDAPEST

**4 Eigelb**
**4 EL Zucker**
**4 TL Mehl**
**$^{1}/_{4}$ l süßer Rahm**
**weitere**
**$^{3}/_{8}$ l süßer Rahm**
**60 g verschiedene kandierte Früchte (Melonenschale, Rosinen, Zitronat), klein geschnitten, am Vorabend in 2 EL Eierlikör oder Rum eingeweicht**
**100 g kandierte Kirschen zum Verzieren**

Die Eigelbe mit dem Zucker und dem Mehl in einem Topf schaumig rühren. $^{1}/_{4}$ l Rahm dazugeben und bei nicht zu starker Hitze im Wasserbad unter ständigem Rühren bis zum Kochen kommen lassen. Sofort vom Herd nehmen und auskühlen lassen. Die restliche Sahne steif schlagen. $^{2}/_{3}$ davon zusammen mit den eingeweichten Früchten unter die kalte Creme mengen. In schöne Stielgläser füllen und in den Kühlschrank stellen. Vor dem Servieren mit der restlichen Sahne ($^{1}/_{8}$ l) und kandierten Kirschen verzieren.

## Englische Creme

WIEN

**10 Eigelb**
**200 g Puderzucker**
**6 cl guter Rum**
**1 TL guter Weißwein**
**4 TL Himbeersaft**
**1 TL Zitronensaft**
**2 Blatt weiße, kalt eingeweichte Gelatine**
**60 g schöne, gezuckerte Himbeeren**
**70 g süßer Rahm**

Die Eigelbe mit dem Puderzucker schaumig rühren. Den Rum dazugeben, dann den Wein, Himbeer- und Zitronensaft. Unter Rühren auf dem Herd bei nicht zu starker Hitze im Wasserbad dickschaumig schlagen. Die Creme lauwarm auskühlen lassen. Die aufgelöste Gelatine gleichmäßig in die Creme rühren und vorsichtig die Himbeeren untermischen. Ganz auskühlen lassen, dann erst die steifgeschlagene Sahne unterheben.

## Lieblingscreme

BÖHMEN

**4 Eigelb**
**140 g Zucker**
**4 EL süßer Rahm**
**120 g geröstete, feingehackte Mandeln**
**6 EL starker schwarzer Kaffee**
**$^{1}/_{2}$ l süßer Rahm**

Die Eigelbe mit dem Zucker schaumig rühren. 4 EL Rahm dazugeben und bei nicht zu starker Hitze im Wasserbad unter ständigem Rühren dick kochen. Die Mandeln und den Kaffee untermengen und die Creme kalt rühren. Den steifgeschlagenen Rahm unterheben. Sehr kalt servieren.

## Falscher Schlagrahm

BÖHMEN
REZEPT VON 1873

**3 Eiweiß**
**60 g Puderzucker**
**60 g zerlassene Butter**

Eiweiß und Zucker sehr steif schlagen. Die ausgekühlte Butter dazumengen. Den »Schlagrahm« kalt stellen und wie echte Sahne verwenden.

# Vogelmilch

Österreich, Ungarn

**1 l Milch**
**100 g Zucker**
**1/2 aufgeschlitzte Vanilleschote**
**3 Eier, getrennt**
**1/2 TL Vanillinzucker**
**1 EL Mehl**
**feingewiegte Mandeln und Puderzucker zum Bestreuen**

Die Milch mit dem Zucker und der Vanilleschote aufkochen. Eiweiß zu steifem Schnee schlagen, den Vanillinzucker dazugeben. Mit einem Eßlöffel kleine Nockerl abstechen und in die siedende Milch einlegen. Kurz aufkochen lassen, wenden und mit dem Schaumlöffel herausnehmen. Da die Nockerl sehr aufgehen, immer nur wenige einlegen. Die Eigelbe mit dem Mehl verrühren und langsam zur Milch geben, nicht mehr kochen. Die Milch auskühlen lassen und in Portionsschälchen verteilen. Die Nockerl locker daraufsetzen und 1–2 Stunden kühl stellen. Mit Mandeln und Puderzucker bestreut servieren.

# Speyerer-Creme

Rezept von 1873

**6 Eier, getrennt**
**160 g Zucker**
**abgeriebene Schale von 1/2 unbehandelten Zitrone**
**1/8 l heißer Weißwein**
**2 Blatt weiße, kalt eingeweichte Gelatine**
**Saft von 1 Zitrone**

Die Eigelbe mit dem Zucker schaumig rühren. Die Zitronenschale dazugeben. Den heißen Wein mit dem Schneebesen in den Eigelbschaum schlagen und unter ständigem Rühren bei nicht zu starker Hitze im Wasserbad zu einer dicken Creme kochen. Von der Herdstelle ziehen, die ausgedrückte Gelatine sowie den Zitronensaft einrühren. Die zu steifem Schnee geschlagenen Eiweiße unterziehen. Die Creme in eine Schüssel füllen und für einige Stunden kalt stellen.

# Pompadour-Creme

Wien

**5 Eigelb**
**100 g Zucker**
**1/2 Päckchen Vanillinzucker**
**1/2 l süßer Rahm**
**eingewecktes Obst**
**2 EL guter Rum**

Die Eigelbe mit dem Zucker, Vanillinzucker und 1/4 l Rahm unter ständigem Rühren bei nicht zu starker Hitze im Wasserbad zu einer dicken Creme kochen. Anschließend auskühlen lassen. Das Obst abtropfen lassen, klein schneiden und mit dem Rum vermengen. Den restlichen Rahm steif schlagen und bis auf eine kleine Menge zusammen mit dem Obst unter die Creme mischen. Die Creme in Portionsschälchen verteilen, mit etwas Schlagrahm bespritzen, einem Stückchen Obst verzieren und bis zum Servieren kühl stellen.

# Malakoff-Creme

Rezept von 1873

**125 g Butter**
**100 g Puderzucker**
**3 Eigelb**
**140 g geschälte, gemahlene Mandeln**
**1 EL starker Mokka**
**1/8 l süßer Rahm**

Die Butter mit dem Puderzucker schaumig rühren. Die Eigelbe einzeln dazurühren, dann die Mandeln und den Mokka. Den Rahm steif schlagen und unter die Creme heben.
Diese Creme eignet sich auch sehr gut zum Füllen von Biskuit oder Sandkuchen.

## Weincreme

UNGARN

**1/2 l guter Weißwein oder Rosé-Wein**
**4 Eigelb**
**3 Eier**
**250 g Puderzucker**
**1 EL Mehl**

Den Wein zum Kochen bringen. Eigelbe, ganze Eier, Puderzucker und Mehl kurz vermischen. Unter ständigem Rühren den Wein dazugeben und im Wasserbad dick aufschlagen. Sehr kalt servieren. Mit gewaschenen und verlesenen Früchten der Saison verzieren.

**Variante**
Eine Schale mit feingeschnittenem Biskuit oder gebrochenen Löffelbiskuits auslegen, mit Rum oder Arrak besprengen. Eingewecktes Obst nach Belieben gut abtropfen lassen, evtl. klein schneiden und darauf verteilen. Mit einer weiteren Schicht Biskuit abdecken. Darüber die Creme streichen. Vor dem Servieren mit Schlagrahm verzieren.

## Diplomatencreme

WIEN

**5 Eigelb**
**1 Päckchen Vanillinzucker**
**1/2 l süßer Rahm**
**6 Blatt weiße, kalt eingeweichte Gelatine**
**3 EL Maraschino**
**10 Löffelbiskuits**
**100 g kleingeschnittene kandierte Früchte**

Die Eigelbe mit dem Vanillinzucker und der Sahne im Wasserbad unter ständigem Rühren dick kochen. Die ausgedrückte Gelatine dazugeben. Die Creme unter ständigem Rühren auskühlen lassen, dann den Maraschino untermengen. Die Biskuits nicht zu klein zerbrechen und eine Form mit der halben Menge auslegen. Die Hälfte der Creme einfüllen, mit den Früchten und den restlichen Biskuits belegen, darüber die restliche Creme streichen. Kalt stellen. Zum Servieren die Form kurz in heißes Wasser tauchen und die Creme stürzen. Sie kann nach Belieben noch mit Schlagrahm verziert werden.

## Bagatelle-Creme

ALTES REZEPT AUS BÖHMEN

**4 Eigelb**
**4 EL Zucker**
**2 gestrichene EL Mehl**
**1/4 l Vollmilch**
**1/2 TL Vanillinzucker**
**24 Löffelbiskuits**
**100 g Aprikosenkonfitüre**
**1/4 l Himbeersaft**
**1 EL Rum**
**1/4 l süßer Rahm**
**Schokoladenraspel zum Bestreuen**

Die Eigelbe mit dem Zucker schaumig rühren. Mehl, Milch und Vanillinzucker dazugeben und unter ständigem Rühren bei nicht zu starker Hitze im Wasserbad zu einer dicken Creme kochen. Auskühlen lassen. Jeweils 2 Biskuits mit Konfitüre zusammensetzen und eine Glasschale damit auslegen. Die Biskuits mit dem Himbeersaft tränken. Den Rum unter die ausgekühlte Creme rühren und diese über die Biskuits verteilen. Mit dem steifgeschlagenen Rahm verzieren und mit den Schokoladenraspeln bestreuen. Gut gekühlt servieren.

WEINCREME

## Punschcreme im Glas

BATSCHKA

***6 Eigelb***
***6 EL Vanillinzucker***
***300 ml Milch***
***100 g geschälte, feingeschnittene, geröstete Mandeln***
***Biskuit oder Löffelbiskuits***
***3/4 l süßer Rahm***
***2–3 EL Rum oder Maraschino***
***nach Belieben kleingeschnittene kandierte Früchte***
***Schlagrahm zum Verzieren***

Aus Eigelben, Vanillinzucker und Milch im Wasserbad eine dicke Creme schlagen. Die Mandeln untermengen. Den Biskuit in Würfel schneiden bzw. die Löffelbiskuits brechen. Zusammen mit dem steifgeschlagenen Rahm ganz vorsichtig unter die Creme heben. Evtl. mit Rum oder Maraschino verfeinern oder bereits die Biskuits damit besprengen. 12 geeignete, schöne Gläser mit der Creme füllen. Obenauf die kandierten Früchte streuen und je eine Haube Schlagrahm aufsetzen. Dieses Rezept stammt von der Apatiner Hochzeitsköchin.

## Haselnußcreme

WIEN

***120 g ganze Haselnüsse***
***1/4 l Milch***
***8 Eigelb***
***1 EL Mehl***
***2 EL Milch***
***150 g Zucker***

Die Haselnüsse im Rohr hellgelb rösten, in ein Tuch schütten und durch Reiben von den braunen Häuten befreien. Die Nüsse fein mahlen, in der Milch einige Male aufkochen lassen und anschließend durch ein poröses Tuch drücken. Die Eigelbe mit dem Mehl und den 2 EL Milch verrühren, den Zucker und die Haselnußmilch dazugeben, gut durchrühren und kurz aufkochen lassen. In eine Schüssel gießen, kalt rühren und bis zum Servieren kühl stellen.

## Marillencreme

WIEN

***500 g reife Marillen (Aprikosen)***
***150 g Zucker***
***2 Blatt weiße, kalt eingeweichte Gelatine***
***1/2 l süßer Rahm***

Die Aprikosen brühen, häuten und entsteinen. Die Früchte im Mixer pürieren und mit dem Zucker schaumig rühren. Die ausgedrückte, in etwas warmem Wasser aufgelöste Gelatine unterrühren, auskühlen lassen und, sobald die Masse zu gelieren beginnt, den steifgeschlagenen Rahm unterheben. In schöne Gläser füllen und bis zum Servieren kalt stellen.

## Neapolitanische Bombe

PRESSBURG

***1 l süßer Rahm***
***3 EL Puderzucker***
***2 cl Maraschino***
***1 Päckchen Vanillinzucker***
***50 g kleingeschnittene Biskuits***
***4 Blatt weiße und 2 Blatt rote, kalt eingeweichte Gelatine***

Den Rahm mit dem Puderzucker steif schlagen. Maraschino, Vanillinzucker und Biskuit dazugeben. Die Gelatine heiß auflösen, durch ein Tuch streichen und gut mit dem geschlagenen Rahm vermengen. In eine mit kaltem Wasser ausgespülte Form gießen, kalt stellen. Zum Servieren auf eine Platte stürzen.

## Erdbeercreme

Wien

**1 kg reife Erdbeeren**
**Zucker nach Geschmack**
**Vanillinzucker**
**oder Zitronensaft**
**$^{1}/_{4}$ l süßer Rahm**

Die Erdbeeren waschen und entstielen. Einige zum Verzieren zurückbehalten, die übrigen zerdrücken und passieren. Zucker, Vanillinzucker oder Zitronensaft zufügen und gut rühren. Den geschlagenen Rahm daruntermischen. In Portionsschälchen verteilen und kühl stellen. Vor dem Servieren mit den zurückbehaltenen Erdbeeren verzieren. Ein sehr erfrischendes Dessert.

## Kaffeecreme

Wien

**$^{3}/_{4}$ l süßer Rahm**
**150 g Zucker**
**150 ml starker,**
**schwarzer Kaffee,**
**gut gekühlt**

Die Sahne steif schlagen. Dabei den Zucker und den Kaffee zufügen und gut vermengen. Die Creme in Gläser füllen und bis zum Servieren kühl stellen.

## Karamelcreme

Banat

**100 g Zucker**
**ganz wenig Wasser**
**$^{1}/_{2}$ l süßer Rahm**
**3 Eigelb**
**1 gehäufter TL Mehl**
**1 TL Milch**

Den Zucker mit Wasser in einem Pfännchen zimtbraun rösten; dabei ständig rühren, damit er nicht anbrennt. Den Rahm dazugießen und kochen, bis der Zucker ganz aufgelöst ist. In einem höheren Topf die Eigelbe mit dem Mehl fein verrühren, die Karamelmasse dazugeben und unter ständigem Rühren im Wasserbad dick kochen. Die Creme immer wieder von der Herdstelle ziehen, sobald sie anfängt zu sprudeln. In einer Glasschüssel auskühlen lassen und ganz kalt mit Löffelbiskuits servieren.

## Schokoladencreme

Wien

**150 g geriebene**
**Schokolade**
**10 EL Wasser**
**150 g Zucker**
**4 Eigelb**
**$^{1}/_{2}$ l süßer Rahm**
**Mokkabohnen**
**zum Verzieren**

Die Schokolade zusammen mit dem Wasser und dem Zucker unter Rühren im Wasserbad dick kochen. Unter ständigem Rühren auskühlen lassen, anschließend die Eigelbe einzeln dazugeben. Den Rahm steif schlagen, $^{2}/_{3}$ davon unter die Creme ziehen. Die Creme in Gläser verteilen, mit der restlichen Sahne und je 1 Mokkabohne verzieren.

## Vanillecreme

Wien

**$^{1}/_{2}$ l süßer Rahm oder**
**Vollmilch**
**1 aufgeschlitzte**
**Vanilleschote**
**8 Eigelb, 1 EL Mehl**
**140 g Zucker, 5 Eiweiß**
**eingeweckte Früchte**
**oder feingehackte**
**Mandeln zum Verzieren**

Den Rahm bzw. die Milch mit der Vanilleschote aufkochen. Die Eigelbe mit dem Mehl verrühren und mit dem Zucker zum Rahm bzw. zur Milch geben, unter ständigem Rühren im Wasserbad dick kochen. Die Creme auskühlen lassen, anschließend die zu steifem Schnee geschlagenen Eiweiße unterheben. Die Vanilleschote entfernen. Die Creme in einer Glasschüssel anrichten und mit den abgetropften Früchten bzw. Mandeln verzieren.

## Zitronencreme

WIEN

***4 Eigelb***
***150 g Zucker***
***Saft von ½ Zitrone***
***abgeriebene Schale von ½ unbehandelten Zitrone***
***2 EL Weißwein***
***Mandel- oder Dattelmakronen zum Belegen***
***3 Eiweiß***
***100 g Puderzucker***
***Mandelstifte zum Bestreuen***

Die Eigelbe mit Zucker und Zitronenschale schaumig rühren. Zitronensaft und Wein dazugeben und unter ständigem Rühren im Wasserbad dick kochen. In einer feuerfesten, runden Schüssel auskühlen lassen. Die Creme mit Makronen belegen. Eiweiß mit Puderzucker steif schlagen, über die Makronen streichen und mit den Mandelstiften bestreuen. Den Baiser bei 200°C in 5 Minuten hellgelb überbacken. Die fertige Creme ist unten kühl und oben warm.

## Orangencreme im Körbchen

WIEN

***10 schöne Orangen***
***5 Eigelb***
***250 g Zucker***
***2 Blatt weiße, kalt eingeweichte Gelatine***
***½ l süßer Rahm***

Die Orangen in der Mitte halbieren. Das Fruchtfleisch vorsichtig herauslösen, ohne die Schalen zu verletzen. Das Fruchtfleisch passieren. Die Eigelbe mit dem Zucker schaumig rühren, mit den passierten Orangen im Wasserbad cremig schlagen. Die ausgedrückte Gelatine in der heißen Creme unter Rühren auflösen. Wenn die Creme anfängt, kühl und sulzig zu werden, bis auf eine Restmenge den steifgeschlagenen Rahm unterziehen. Die Creme in die Orangenhälften füllen und mit dem restlichen Schlagrahm verzieren. Auf Glastellern servieren.

## Türkencreme

WIEN

***Saft von 2 Orangen***
***Saft von 1 Zitrone***
***etwas abgeriebene Schale von unbehandelter Zitrone***
***6 Eier, getrennt***
***250 g Zucker***
***2 Blatt weiße, kalt eingeweichte Gelatine***
***wenig lauwarmes Wasser***
***2 EL Rum***
***gebräunte Mandeln oder Krokant zum Verzieren***

Den Orangen- und Zitronensaft mit der Zitronenschale vermengen. Die Eigelbe mit dem Zucker schaumig rühren und zur Flüssigkeit geben. Unter ständigem Rühren bei nicht zu starker Hitze im Wasserbad zu einer dicken Creme kochen. Die ausgedrückte Gelatine in die heiße Creme geben und unter Rühren auflösen. Den Rum und die zu steifem Schnee geschlagenen Eiweiße unterziehen. Kalt stellen und mit Mandeln verzieren.

TÜRKENCREME MIT MANDELN

## Aprikosenkompott

***500 g nicht zu weiche Aprikosen***
***1/8 l Wasser***
***250 g Zucker***
***etwas Zitronensaft***

Die Aprikosen überbrühen, häuten, halbieren und mit Wasser, Zucker und Zitronensaft weich kochen. Herausnehmen und in eine Kompottschale füllen. Die Aprikosensteine aufschlagen, die Kerne auslösen und kochendheiß überbrühen, in der Kochflüssigkeit der Aprikosen dick einkochen. Über die Aprikosen gießen.

## Apfelpüree

***250 g schöne, reife Äpfel***
***4 TL Wasser***
***3 EL Puderzucker, mit 1/2 TL Zimt vermischt***

Die Äpfel schälen, vom Kernhaus befreien und in Wasser weich dünsten. Die Früchte etwas auskühlen lassen und durch ein Sieb streichen. Gut mit Puderzucker glattrühren und kalt stellen.

## Orangenkompott

***Schöne, gleichmäßige Orangen***
***Zucker zum Bestreuen***
***1 Glas Weißwein***

Die Orangen schälen, auch von den weißen Häuten befreien und in gleichmäßig dünne Streifen schneiden. In eine Kompottschale legen und 30 Minuten stehen lassen. Während dieser Zeit mehrmals leicht mit Zucker bestreuen. Vor dem Servieren mit Wein übergießen.

## Birnenkompott

***1 kg schöne, nicht zu reife Birnen***
***1/4 l Wasser***
***ca. 50 g Zucker***
***etwas Weißwein***
***etwas Zitronensaft***
***Kirsch- oder Weichselkompott zum Füllen***

Die Birnen schälen, halbieren und das Kernhaus ausstechen. In Zuckerwasser, Weißwein und Zitronensaft weich kochen. In eine Kompottschale legen und die Höhlungen mit dem Kirsch- oder Weichselkompott füllen. Den Birnensaft dick einkochen und über die Früchte gießen.

## Stachelbeerkompott

***500 g reife, schöne Stachelbeeren***
***375 g Zucker***
***6 EL Wasser***

Die Stachelbeeren putzen und waschen. Zucker und Wasser zum Sieden bringen und das Obst darin 10 Minuten kochen. Ganz ausgekühlt servieren.

## Saazer Kompott

***500 g Preiselbeeren***
***500 g gute Sommerbirnen***
***500 g mürbe Äpfel***
***500 g Zwetschgen***
***500 g Zucker***
***Wasser***

Die Preiselbeeren, die geviertelten Birnen und Äpfel sowie die halbierten, entsteinten Zwetschgen zusammen mit dem Zucker in ganz wenig Wasser ca. 45 Minuten kochen. Dieses Kompott schmeckt als Beilage zu Mehlspeisen und zu diversen Braten.

## Kürbis mit Zucker oder Honig

**1 kg Kürbis**
**$^1/_4$ l guter Weinessig**
**$^1/_8$ l Wasser**
**130 g Zucker oder 100 g Honig**
**3 Nelken**
**1 Prise Salz**
**einige Pfefferkörner**

Den Kürbis schälen und in längliche, kleine Stücke schneiden. Den Weinessig mit Wasser, Zucker oder Honig, Nelken, Salz und Pfefferkörnern zum Sieden bringen und die Kürbisstücke darin gut durchkochen, bis sie glasig erscheinen. Mit einem Schaumlöffel herausnehmen und in eine Kompottschale legen. Den Saft noch ca. 30 Minuten einkochen, über die Kürbisstücke gießen. Das Kompott kalt stellen. Gut zu Grießnudeln und verschiedenen Braten.

## Delikateß-Pfirsiche

**1 kg reife Pfirsiche**
**$^1/_4$ l Wasser**
**250 g Zucker**
**Saft von 1 Zitrone**
**1 Päckchen Vanillinzucker**
**1 EL Maraschino oder Rum**
**$^1/_4$ l süßer Rahm**

Die Pfirsiche überbrühen und häuten, dann halbieren und entsteinen. Das Wasser mit dem Zucker aufkochen lassen, Zitronensaft und Vanillinzucker dazugeben. In diesem Saft die Pfirsiche kurz ziehen lassen, herausnehmen und in eine Schüssel legen. Den Saft mit Maraschino bzw. Rum verfeinern und über die Pfirsiche gießen. Mit dem steifgeschlagenen Rahm bedecken. Kalt stellen und mit Makronen oder Feingebäck servieren.

## Quittenkompott

**10 Quitten**
**Wasser zum Kochen**
**12 EL guter Weinessig**
**250 g Zucker**

Die Quitten schälen, achteln und vom Kernhaus befreien. Reichlich Wasser zum Sieden bringen und die Fruchtsegmente darin weich kochen. Auch die Schalen und Kernhäuser dazugeben, weil dadurch das Kompott eine schöne, rote Farbe erhält. Die Quittenachtel mit einem Schaumlöffel herausnehmen und in eine Kompottschale legen. Den Fruchtsaft mit Weinessig und Zucker in ca. 30 Minuten dick einkochen, durchseihen und über die Früchte gießen. Auskühlen lassen.

## Grünes Paradeiskompott

**1 kg grüne Tomaten**
**$^2/_3$ l Wasser**
**$^1/_3$ l Weinessig**
**1 kg Zucker**
**1 aufgeschlitzte Vanilleschote**

Die Tomaten waschen und achteln. Wasser und Weinessig zum Sieden bringen, die Tomatenstücke hineingeben und einmal aufkochen lassen, dann herausnehmen. Den Zucker zum Wasser geben, einmal aufkochen, die Vanilleschote und Tomatenachtel dazugeben und so lange kochen, bis die Früchte glasig sind, dann herausnehmen. Den Saft wieder aufkochen, über die Tomaten gießen, auskühlen lassen. Dies so lange wiederholen, bis der Saft dicklich ist. Endgültig über die Tomaten gießen und kalt stellen.

# Register

# *Gaumenfreuden für Genießer*

Josef Zauner (Hrsg.)
**Das große Buch der österreichischen Mehlspeisen**
Verführerische Süßspeisen und köstliche Kreationen aus der Backstube: traditionelle Spezialitäten und moderne Rezepte von der k. u. k. Donaumonarchie bis zur Küchenpraxis von heute.

Hanna Perwanger
**Südtiroler Leibgerichte**
Beliebte Original-Rezepte aus Südtirol: Spezialitäten mit Knödeln, Nudeln, Nocken und Plenten, allerlei Gesottenes und Gebratenes, Kuchen, Torten und Strudel, Zelten und vieles mehr.

Erna Horn
**Bayrische Kuchl**
Liebenswerte Darstellung der altbayrischen Eß- und Kochtradition: Sammlung von Originalrezepten zum Kochen, Braten und Backen – von der richtigen Supp'n und einem guten Fleischerl über Knödel und Spätzle bis zu Torten und Kuchen.